제로웨이스트는
처음인데요

소일 지음

판미동

Part 1 제로 웨이스트는 처음인데요

Part 2 제로 웨이스트하며 살기

소비 편

위생용품 편

외출 편

화장 편

Part 3 제로 웨이스트하며 먹기

장보기 편

외식 편

먹거리 편

Part 4 제로 웨이스터의 환경 운동

재활용, 분리 배출 편

직장 생활 편

Part 5 제로 웨이스트하며 놀기

취미 생활 편

여행 편

Part 6 완전한 제로 웨이스트는 없다

제로 웨이스트가
내 삶에 들어오다

쓰나미가 지나간 뒤에 남겨진 것들

2011년 3월 11일, 나는 워킹 홀리데이 비자로 교토에서 아르바이트를 하고 있었다. 그날은 일본에 쓰나미가 일어난 날이었다. 내가 있는 곳에서는 직접적인 피해가 없었지만, 당시 너무나 큰 자연재해를 겪은 일본 사회 전역의 무거운 분위기를 생생하게 기억하고 있다. 처음 지진이 나고 일주일 정도는 지진과 해일에 도시의 모든 것이 쓸려 가는 장면만 텔레비전에서 끊임없이 방송되었다. 자연재해 앞에 인간의 문명이 흔적 없이 휩쓸리는 것을 반복적으로 듣고 볼 수밖에 없는 상황이었다. 그러면서 나의 삶 역시 한순간에 송두리째 흔들릴 수 있음을 깨달았다. 워킹 홀리데이로 한시적으로 머무는 외국인이었지만, 자연의 힘 앞에 무력한 것은 국경과 민족을 가리는 일이 아니었던 것이다.

여진도 잠잠해지고 지진의 충격에서 벗어날 때쯤부터는 텔레비전에서 드라마, 영화, 만화, 예능과 같은 프로그램은 방영하지 않고 복구 상황에 대한 뉴스나 다큐멘터리, 그리고 불안한 사람들의 기운을 북돋우기 위한 공영 광고만 반복되었다. '서로 인사를 하자, 응원으로 힘을 내자.' 분명 밝고 기운 나는 것이었는데, 무한정 반복되는 광고를 보다 보면 힘이 빠지는 것은 왜였을까?

그렇게 한 달이 지나는 동안, 가족, 친구, 지인들의 염려를 무진장 받고 비자 기간이 남았음에도 한국으로 돌아올 수밖에 없었다.

동일본 대지진에 후쿠시마 원전 사고까지 겪은 일본에서는 재난 상황이 다시 반복될 수 있다는 위기감 때문인지 피난 용품들이 불티나게 팔리기 시작했다. 아무리 소중한 집과 물건들이라고 해도 한 번의 지진 해일에 흔적 없이 사라질 수 있다는 것을 학습했기 때문일까? 동일본 대지진을 겪은 후 일본에서는 '단사리(斷捨離) 열풍'이 불었다. 그 열풍은 이미 우리도 익히 알고 있는 미니멀라이프 유행으로 이어졌다.

단(斷): 넘쳐 나는 물건을 '끊는다.'
사(捨): 불필요한 물건을 '버린다.'
리(離): 물건의 집착에서 '벗어난다.'

일본에서 직접 지진의 피해를 실감한 나 역시 물건에 대한 관점이 바뀌었다. 일본에서처럼 자연재해가 닥치면 어떻게 대처하면 좋을까 고민하기 시작했고, 꼭 챙겨야 하는 물건과 불필요한 물건을 구분하여 비우고 버려야 한다고 생각하게 됐다.

그로부터 5년여가 흐른 2016년 9월 12일, 규모 5.8의 경주 지진 여파가 경기도 수원시에 있는 우리 집에서도 느껴졌을 때, 안방 거울이 울렁울렁하고 움직였다. 그때 내가 자연스레 떠올린 것은 2011년 동일본 대지진 후의 모습이었다. 경주 지진은 잠깐 울렁대는 정도로 끝났지만, 안전에 대한 불안한 마음이 가신 것은 아니었다.

여러 가지 생각이 해일처럼 밀려왔다. 한 번도 읽어 본 적 없는 책장의 책과 한 번도 써 본 적 없는 찬장의 유리컵들이 쏟아지면 어떻게 되나 하는 걱정도 앞섰다. 일본 쓰나미와 경주 지진까지 겪고 나서 그렇게 나는 미니멀리스트가 되어있는지도 모르겠다. '윤리적 최소주의자 소일'이라는 제로 웨이스트 블로그를 시작한 것도 2016년 9월의 일이다.

'윤리적 최소주의자'를 선언하다

'윤리적 최소주의자'는 나의 제로 웨이스트 가치관을 담은 명칭이다. 미니멀리스트(minimalist)를 한글로 풀어 본 '최소주의자' 개념에서 한 걸음 더 나아가 환경, 사람, 사회에 나쁜 영향을 최소한으로만 끼치고 싶다는 바람을 담았다. 나는 삶에서 덜어 낼 1,000가지 물건들에 대해 블로그에 기록하기 시작했다.

그렇게 많은 물건을 비워 가면서 나는 내가 원하는 미니멀 라이프라고 하는 것이 심플하고 정갈한 상태만을 의미하지 않는다는 것을 알게 되었다. 최소주의자, 즉 미니멀리스트가 되는 것은 내 방과 집에서 물건을 최소한으로 가지는 것만을 말하는 것은 아니었다. 내가 버린 물건과 쓰레기는 어디로 가는지 생각하기 시작했고, 그 물건이 처분될 때까지 나의 책임이라는 생각을 갖게 되었다. 소비와 배출뿐만 아니라 물건의 생산 과정도 소비자인 나에게 책임이 있다고 느끼기 시작한 것이다.

나는 최소주의자에서 나아가 물건의 생산과 소비, 사용, 처분까지 책임을 지겠다는 도덕적 양심을 담아 '윤리적 최소주의자'가 되기로 결심했다.

지진과 같은 자연재해를 겪으면 인간이 자연 앞에서 얼마나 미약한지 절감하게 된다. 이상 기후로 폭염이나 한파에 시달리고, 갑자기 쏟아지는 집중 호우, 싱크홀, 미세먼지에 각종 환경 호르몬, 감염증까지 환경 문제는 바로 눈앞에 닥쳐 있다.

기후 위기라고 불리는 시대, 필(必)환경이라고 말하는 시대에서 나는 어떻게 해야 할까? 나 혼자 뭘 한다고 과연 달라지기는 할까?

나도 제로 웨이스트(zero waste)에 처음부터 적극적이었던 것은 아니다. 환경 문제는 너무나도 거대해서 어떻게 손쓴다고 해결될 수 있는 문제가 아니라 여기고 포기했던 시절도 있었다. 그러다가 중국을 보고 생각을 바꿨다. 미세먼지로 뿌옇던 중국 하늘이 APEC 회의 기간 동안 푸른 하늘로 바뀌는 것을 본 것이다. 그것은 코로나19 기간 동안에도 익히 경험한 사실이다. 회색 하늘을 파란 하늘로 만드는 것을 보며 그것도 마찬가지로 사람의 힘이라는 희망을 갖게 되었다.

'내가 할 수 있는 작은 실천이 미세먼지를 없앨 수 있다, 노력하는 만큼 쓰레기를 줄일 수 있다.' 하는 작은 믿음을 갖게 되었다.

쓰레기, 참을 수 없는 존재의 무거움

쓰레기를 소재별로 분류하고 재활용하고 배출하면 해야 할 몫을 모두 끝냈다고 생각했다. 재활용 분리수거를 했으니 자원으로 재활용되겠거니, 자원으로 잘 쓰이겠거니 여겼다. 그 이상에 대해서는 별로 관심이 없었다.

그런데 그 쓰레기가 분해되는 데 엄청나게 긴 시간이 걸린다는 게 아닌가? 일회용 아기 기저귀만 해도 30~40년이 소요된다고 하니, 그 말인즉슨, 내가 싼 똥 기저귀가 아직도 분해되지 않은 채로 어딘가에 매립되어 있다는 의미가 된다. 기저귀뿐만이 아니다. 몇 백 개의 일회용 월경대, 수만 장쯤 버렸을 비닐봉지, 분해되는 데 200년은 걸리는 알루미늄 캔, 500년은 걸리는 플라스틱 생수통, 200'만' 년

후에야 분해된다는 각종 건전지[1]까지 그간 버려 온 그 많은 쓰레기가 그대로 우리 집 밖 어딘가에 산처럼 쌓여 있다는 말이 된다.

쓰레기에 대해 무관심했던 것은 비단 나 한 명만은 아닐 것이다. 그러므로 많은 물건을 생산하고, 소비하고, 버려 온 우리 모두 그간 만들어 온 쓰레기에 책임을 져야 한다. 쓰레기로 뒤덮인 지구를 살리는 데 일조해야 한다. 내가 유별난 환경주의자여서가 아니다. 이는 명백한 사실일 뿐이다.

쓰레기를 어떻게 버려야 바르게 버리는 것인지, 그리고 버려진 쓰레기와 재활용한 물건들은 어떻게 처리되는지에 대해 제대로 알고 있는 사람은 몇이나 될까? 쓰레기 처리 과정을 조금만 들여다보면 물건을 소비하는 일, 버리는 일에 얼마나 책임감을 느끼고 행해야 하는지 느껴진다. 일회용품을 쓰는 시간은 아주 짧은데, 그렇게 쓰고 버린 일회용품 쓰레기가 분해되는 데는 아주 오랜 시간이 필요하기 때문이다. 5분 편리하기 위해 500년 남아 있을 쓰레기를 만드는 일, 지금처럼 반복해도 괜찮을까?

이런 생각들은 꼬리에 꼬리를 물고 이어지기 시작했다.

Part 1

제로 웨이스트는
처음인데요

'제로'에 집착하기보다
'하나'라도 도전하는 태도

공공주택 단지의 플라스틱 폐기물 수거를 거부한 '2018년 4월 쓰레기 대란' 이후 많은 사람에게 생소하던 '제로 웨이스트'가 처음 언급되기 시작하였다. 쓰레기로 인한 환경 오염에 대한 관심 역시 높아졌다. 하지만 환경부가 발표한 '2018년도 전국 폐기물 발생 및 처리 현황'을 살펴보면, 우리나라 폐기물 총량은 2013년 1일 평균 38만 709톤에서 2018년 1일 평균 43만 713톤으로 11%나 증가했다.[2]

2018년도 생활 폐기물 발생량은 1인당 1일 평균 1.06kg이다. 1.06kg의 생활 폐기물을 0kg(zero)으로, 그러니까 단어 뜻 그대로 쓰레기를 하나도 만들지 않고 살기는 정말 어렵다. 아니, 불가능한 일이다. 그러므로 제로 웨이스트는 비현실적이고 이상적인 목표다. 그러니 반드시 실현하려고 애쓸 필요는 없다. 완전히 '0'이 아니더라도 '100'에서 '99'로 조금 줄이는 것, 그 자체로 의미가 있다.

개인의 '1'은 참 별것 아니지만, 전 세계 사람들이 '1'을 줄인다면 전 세계의 쓰레기가 100분의 1만큼 준다. 그러면 줄인 100분의 1만큼 자원을 아낄 수 있고, 환경 오염도 줄어든다.

쓰레기는 어느 곳에나 있다. 마찬가지로 쓰레기를 없애는 노력도 어디서나 가능하다. 불필요한 일회용품을 하나 덜 쓰는 것처럼, 내 주변에서 실천할 수 있는 아주 사소한 것부터 시작해 보자. 재밌고 행복한 만큼만 실천하는 것으로 충분하다. 나 혼자 실천하기 어렵고 막막하다면 쓰레기 줄이는 데 관심과 정보가 많은 친구를 만들자. SNS를 팔로잉하는 것도 좋은 방법이다. 그리고 쓰레기 줄이기에 관한 책을 읽어 보면서 '나만의 제로 웨이스트 방식'을 찾는다면 좋겠다.

무엇보다, 이 책이 당신에게 작은 보탬이 되길 바란다.

쓰레기 정의하기

우리는 누구나 쓰레기를 만들며 살아간다. 쓰레기를 최대한 만들지 않기 위해서는 제로 웨이스트적인 삶으로 생각과 행동의 전환이 필요하다. 그러나 이 전환보다 먼저 선행되어야 할 것이 있다. 바로 '쓰레기'에 대해 정의하는 것이다. 쓰레기라는 것은 상대적인 개념이다. 아무리 경제적 가치가 높은 물건이어도 내게 쓸모가 없다면 그 물건은 쓰레기에 지나지 않는다. 지난 연애 때 주고받은 값나가는 선물도 서랍 구석에 처박혀 있다면 의미가 없다. 애지중지 모아 두었던 예쁜 그림엽서, 고이 모셔 뒀던 사진 필름들, CD로 구워 뒀던 영화, 여행지에서 사 온 다양한 기념품, 여행 다니며 수집한 지도, 침대맡을 가득 채우던 장난감, 각종 취미용 도구와 물품, 언젠가 공부해야지 싶은 외국어 교재, 다이어트에 성공하면 입어야지 하고 사 둔 원피스(잠깐, 눈물 좀 닦고…) 등 쓸모없는 물건들은 아무리 사연과 추억을 많이 담고 있어도 사실상 쓰레기가 된다.

쓰레기가 아닌 물건으로 판명이 났다면, 그 사용처에 대해 좀 더 깊이 궁리해 볼 필요가 있다. 물건을 사용하고, 활용하고, 다시 사용하고, 재활용해야 하는 것이 제로 웨이스트의 첫걸음이기 때문이다. 그렇게 다양하게 물건을 활용하다 보면 자연스레 애착이 생기게 되고 꾸준히 관리하며 사용할 수 있게 된다.

잠시 스쳐 가는 물건은 인연이 아니다. 거절하자. 어떤 물건이 쓰레기가 되고, 어떤 물건이 내가 잘 사용하는 것인지 분류할 수 있게 되면 기능이 없는 물건은 사양하게 된다. 내가 아끼는 텀블러를 애용하는 일이 결국 일회용품 컵을 사양하는 이유가 된다. 물건을 보고 소비 욕구를 키우는 게 아니라, 물건의 기능부터 생각하면 무분별한 쇼핑의 노예가 되지 않는다. 오히려 나의 필요에 적확한 제품만을 찾아 쓰는 사람이 된다. 그러다 보면 점점 소비자에서 생산자로 변모하기도 한다. 내가 원하는 물건이 언제나 준비되어 있지는 않기 때문이다. 이렇게 직접 만들거나 고쳐 쓰는 능력을 갖추면 쓰레기를 배출하는 일이 점점 줄어든다. 제로 웨이스트적인 삶이란 다름 아니다. 말 그대로 쓰레기를 제로로 만드는 삶이라기 보다는, 삶의 태도를 전환하는 일에 가깝다.

이제 질문하겠다. 당신에게 쓰레기란 무엇인가?

'쓰레기 없이 살기'는 '쓰레기'를 정의하는 것부터 시작된다.

제로 웨이스트
실천 원칙

내 삶의 목표는 자유롭게 살아가되, 사회적으로 윤리적이면서 꼭 필요한 것만 가지고 살아가는 최소주의자가 되는 것이다. 그리하여 스스로를 '윤리적 최소주의자', '작은 환경 운동가'로 명명했다. 이 원대해 보이는 목표를 위해서 삶에서 조금씩 실천할 수 있는 영역을 찾았다. 그 실천 영역들은 의외로 작은 행동들로 이루어져 있었다.

불필요한 쓰레기를 만들지 않고 싶고, 건강에 맞지 않는 화학 제품을 피하고 싶고, 사회와 환경을 고려한 소비를 하고 싶고, 삶에 필요한 것을 직접 일구는 재주를 익히고 싶고, 채식 위주의 건강한 식단을 먹고 싶고, 꼭 맞는 옷으로 나만의 스타일을 갖고 싶고, 적극적으로 사회에 참여하는 시민이 되고 싶고⋯ 이러한 자잘한 욕구들이 모여 나의 행동 원칙을 만든다.

그러나 현실 모습과 바라는 모습에 괴리가 있는 경우도 사실 참 많다.

그럼에도 불구하고 목표를 위해 꾸준히 노력하고 실천할 수 있는 것은, 내가 완벽함을 추구하지 않기 때문이다. 사람은 누구나 완벽할 수 없으니 굳이 완벽함을 위해 애쓸 필요가 없다고 늘 되뇌인다. 원칙을 세워 두되, 그 원칙에 얽매이지 않는 태도가 무엇보다 중요하다.

그렇게 세운 원칙은 다음과 같다.

1. 일회용품을 쓰지 않는다.
2. 플라스틱 대신 천연 소재를 쓴다.
3. 꼭 필요한 물건만 구입해서 오래오래 고쳐 쓴다.
4. 환경에 끼치는 영향이 적은 방법을 선택한다.

제로 웨이스트
필수 용어

제로 웨이스트에 관한 원칙을 세웠고 마음가짐도 갖췄다면 이제 행동을 개시할 차례다. 이 책은 내가 지난 5년간 제로 웨이스트를 어떻게 실천해 왔고, 어떤 상황과 부딪히고 실패했는지, 다양한 항목으로 나누어 설명하고 있다. 그간의 실천기를 기록한 이 책에는 제로 웨이스트 필수 용어를 비롯해 내가 제로 웨이스트를 실천하며 새로이 알게된 단어와 프로젝트 등도 등장한다.

몇 가지 개념을 소개하자면 다음과 같다.

제로 웨이스터 zero waster

제로 웨이스트를 실천하는 사람, 쓰레기를 만들지 않으려고 노력하는 사람을 말한다.

소비 디톡스 소비의 달

소비를 줄여서 쇼핑 중독을 해소하고자 하는 프로젝트(블로거 '보공' 님의 아이디어[3])로, 일정 시기를 정해 소비를 한다. (생필품, 경조사비는 소비 디톡스에서 제외한다.)

나는 1월에 소비하고 2, 3월에는 소비하지 않는다. 그리고 다시

4월에 소비하고 5, 6월은 소비하지 않으며, 다시 7, 10월에 소비하고 8, 9, 11, 12월은 소비를 하지 않는 규칙을 정했다. 즉 1, 4, 7, 10월이 소비의 달인 셈이다.

이를 일주일, 보름, 하루 단위 등으로 응용하면 각자만의 소비 디톡스를 할 수 있다.

미니멀리즘 게임 minimalism game

불필요한 물건을 비우는 행동에 게임의 형식을 도입했다. 한 달 동안 1일에는 1개, 2일에는 2개와 같은 식으로 비우는 물건을 늘리는 등 다양한 방식을 선택할 수 있다.

플라스틱 미니멀리즘 게임

미니멀리즘 게임과 방식은 같지만, 다른 것이 있다면 비우는 물건을 '플라스틱'에 집중한다는 것이다. 일회용 플라스틱, 재활용이 어려운 플라스틱을 중심으로 쓰레기를 덜 만들어 내는 방식을 찾는다.(예: 플라스틱 눈썹 칼 → 스테인리스 족집게)

1,000개 비우기

기간을 정해 두고 물건을 비우는 미니멀리즘 게임과 달리, 시간의 제약 없이 물건 1,000개를 비우는 방식이다. 목표를 정해 두고 쓰레기를 덜어 내면 꾸준히 물건을 비우는 데 도움이 된다.

최소주의자

미니멀리스트. 물건을 지니는 데 있어 최소주의를 지향하는 사람을 말한다.

플라스틱 프리 줄라이 Plastic Free July

플라스틱 없는 7월. 2011년 시작된 일회용 플라스틱 줄이기 캠페인으로 전 세계적으로 100만 명이 넘는 사람들이 참가하는 대표적인 플라스틱 캠페인이 되었다. 7월 한 달 동안 일회용 플라스틱을 쓰지 않으려는 사람들의 도전이 이어지고 있다. 2017년에는 비영리재단을 설립했다.

캡슐 옷장

적은 수의 옷, 가방, 신발을 가진 옷장을 캡슐 옷장이라 부른다. 나는 꼭 입는 옷만 남겨 두고 입지 않는 옷은 정리해서 현재, 옷 29벌과 신발 6켤레, 모자 2개, 장갑 1짝, 가방 4개로 캡슐 옷장을 구성하고 있다.

333 프로젝트

3개월 동안 33개의 옷과 신발 등의 소품으로 살아보는 프로젝트를 말한다. 철마다 옷을 쇼핑하고, 옷장에 옷이 있어도 막상 입을 옷이 없어 고민인 사람들이 도전해 보면 좋다. 어떤 옷을 자주 입고, 어떤 옷을 좋아하며, 어떤 옷이 효율적으로 사용되는지 알게 된다.

노케미족

일상생활에서 화학 물질을 거부하는 사람들을 일컫는다.

노푸 No-shampoo

머리를 감을 때 샴푸를 사용하지 않고 물로만 감거나, 비누(샴푸바), 베이킹소다, 밀가루, 녹차가루 등 샴푸 대안용품으로 씻는 것을 말한다.

업사이클 upcycle, 새활용

재활용(recycle) 단계에 이르기 전에 물건의 새로운 쓰임을 찾아 주는 것을 업사이클, 즉 새활용이라 부른다.

프리사이클 precycle

제로 웨이스트와 비슷한 개념으로 사용되기도 하는데, 재활용할 것을 미리 방지하는 차원에서 포장재 등을 사용하지 않는 개념을 뜻한다.

DIWO Do It With Others

DIY(Do It Yourself)의 확장된 의미로, DIY가 혼자서 만드는 개념이라면 DIWO는 다른 사람과 함께 만들어 사용하는 공동체적 의미를 가진다.

나의 경우 이면지로 공책 만들기, 헌 옷으로 주머니 만들기, 대안 브래지어 만들기, 양말목 공예 등을 'DIWO 모임'으로 진행한 바 있다.

제로 웨이스트를
시작하기 전에

제로 웨이스트를 시작하는 사람들에게 가장 강력히 권하
고 싶은 것은 다음 5가지다.

'소비하는 날' 정하기

아무리 물건을 비우고, 정리하고,
쓰레기를 만들지 않으려고 해도
소비를 하다 보면 자연스레 쓰레기
가 발생한다. 포장재 등 쓰레기를
줄이는 것도 중요하지만, 소비하는
날을 정해 소비 자체를 줄이면 쓰레기
도 줄어든다.

손수건 휴대하기

제로 웨이스트 필수품을 꼽자면
단연 손수건이다. 기능은 많고, 가
벼워서 어디든 들고 다니기 좋다.

에코백 만들기

제로 웨이스트를 실천할 때 꼭 마련해야 하는 키트는 존재하지 않는다. 괜히 물건 구하느라 힘과 돈을 들이지 말고 이미 가지고 있는 물건을 활용해 보자. 에코백을 사기 전에 가지고 있는 자원을 살펴보고 그것을 사용하거나 헌 옷으로 직접 만들어 보자.

개인 식기 챙기기

개인 컵(텀블러), 수저, 도시락 통 등 개인 식기를 챙기면 일회용 숟가락, 일회용 젓가락, 일회용 포크 등의 쓰레기를 줄일 수 있다.

용기와 수고 장착하기

쓰레기를 만들지 않고자 하면 개인 식기를 챙기고 정리하는 '수고'와 더불어 실천하는 '용기'가 필요하다. 너무 부담 갖지는 말고 딱 즐겁고 행복한 만큼만 시도해 보자.

—

Part 2

제로 웨이스트하며
살기

—

소비 편

플라스틱 쓰레기의
절반은 포장 쓰레기

제로 웨이스터의 삶은 8할이 '포장재와의 싸움'이라고 해도 과언이 아니다. 어떻게 하면 버리는 포장재를 줄일 수 있을까?

전 세계 쓰레기의 60~80%가 플라스틱 쓰레기라는 것을 감안하면 플라스틱 포장을 줄이는 데 그 답이 있다. 현재 생산되는 총 플라스틱 중 거의 절반은 포장재에 사용[4]하고 있으니 우리가 일상에서 사용하고 버리는 플라스틱 포장 쓰레기만 줄여도 전 세계 쓰레기 총량을 줄이는 데 크게 도움이 된다.

매주 카드 한 장 크기의
플라스틱을 먹는 삶

전 세계에서 생산되는 플라스틱의 절반이 포장재 등 일회용품을 만드는 데 사용된다. 플라스틱은 가벼우며 내구성이 강하고 저절로 분해되지 않아서 인류가 생산한 모든 플라스틱이 사라지지 않은 채로 형태만 바꿔 우리 곁에 존재

한다. 어떤 플라스틱은 재활용되어 다른 플라스틱 제품이 되고, 어떤 플라스틱은 버려져서 하천, 바다를 떠돌다 아주 작은 미세 플라스틱이 된다. 세계자연기금 연구에 따르면, 우리는 일주일에 미세 플라스틱 5g을 먹고 있다고 한다. 그 말인즉슨, 매주 카드 한 장씩을 먹는 셈[5]이다.

플라스틱 오염을 줄이기 위해 플라스틱 비닐봉지를 종이봉투로 바꾸는 것이 친환경적인 일이라고 할 수는 없다. 벌목, 화학 물질을 이용한 펄프화 공정, 강력한 표백, 많은 양의 물 사용 등 일회용 종이봉투를 사용하는 일 역시 일회용 비닐봉지를 사용하는 것만큼 환경에 심각한 영향을 미치기 때문이다. 중요한 것은 플라스틱이냐 종이냐가 아니라, 일회용품을 덜 사용하는 데 있다.

운반의 편의를 위한 포장재를 줄이고 알맹이만 구입하는 제로 웨이스트 장보기는 일회용품을 사용하지 않는 데 의의를 둔다. 포장재 없이 물건만 파는 제로 웨이스트 숍을 이용할 수도 있고, 동네의 작은 빵집에서 직접 빵을 살 수도 있다. 전통 시장을 이용할 때 장바구니를 챙기고, 중고 거래를 이용해 필요한 물건을 구입하면 포장재 쓰레기를 적게 만들 수 있다.

포장재를 잘 분리해서 재활용하는 것보다 아예 포장재 자체를 사용하지 않는 프리사이클링을 실천하기 위해 노력해 보자. 재활용이 환경을 위한 선택이던 시절은 지나갔다.

대용량 구매

모든 물건을 포장 없이 구입할 수 있다면 제로 웨이스터에
겐 더할 나위 없이 좋겠지만, 제품의 특성과 현행 법규에
따라 포장재 없이 구입하기 어려운 제품들도 있다. 포장재
를 피할 수 없다면 개별 포장된 물건 대신 대용량 제품을
사는 것도 좋은 방법이다. 자주 사용하고 보존 기간이 긴
제품이라면 대용량 구매로 저렴하게 살 수 있고, 더불어
쓰레기도 줄일 수 있다.

표백제 대신 대용량 과탄산소다

알칼리성 세제인 과탄산소다는 빨래를 세척하는 데 부족
함이 없다. 온수에 헹구거나 뜨거운 물에 삶기까지 하면
얼룩이 싹 제거되는 경험을 하게 된다.

과탄산소다 한 숟가락으로 세탁은 충분하다. 겨울철에는
뜨거운 물에 녹여 세탁하면 더 좋다. 손수건, 속옷, 수건
등도 과탄산소다를 넣고 삶으면 누렇게 색이 바랬던 면이
새하얗게 된다.

다만, 과탄산소다는 알칼리성이 강한 물질이기 때문에 설
거지 등에는 사용하지 않는 것이 좋다.

소일
小 一
팁

환경 오염을 최소화하는 세탁 세제

- **폐식용유로 만든 빨랫비누**: 애벌빨래, 청소
- **과탄산소다**: 세탁, 삶기, 유리병 세척, 청소(염기성이 강한 물질
  이기 때문에 설거지에는 사용하지 않는다.)
- **구연산**: 과일 세척, 섬유 유연제(옷감이 유연해진다.), 린스(뻣뻣
  하던 머리카락이 순식간에 부드러워진다.)

* **주의**: 과탄산소다를 물에 녹이면 산소가 발생하므로, 녹인 물을 병에 담고 마개를 꽉 닫아 보관하면
  압력이 높아져서 터질 수도 있다. 그러니 반드시 고체로 보관했다가 사용 직전에만 온수에 녹여서
  사용해야 한다.

새 옷 없이 살기

옷이 흔한 시대다. 값싸게 최신 유행하는 옷을 살 수 있기 때문에 한 철 입고 쉬이 버리는 일도 다반사다.

계절이 바뀌어서, 유행이 바뀌어서, 스트레스를 받아서, 살이 쪄서 아니면 빠져서, 예쁜 신상이 나를 불러서, 한정판이니까, 세일하니까, 기분 전환으로 쇼핑, 쇼핑, 쇼핑…

쇼핑이 주는 설렘은 극복하기 힘든 자극이다. 맘에 드는 옷을 장바구니에 담고 후기를 샅샅이 살펴보며 장바구니를 몇 차례나 들어갔다 나왔다 고민한 끝에 주문한 옷은, 택배가 도착해서 '패션쇼'를 할 때까지 우리들의 행복이 된다. 그러나 잠시뿐. 새로운 물건이 주는 기쁨은 분명히 있지만 며칠 가지 않아 그 감정은 흔적 없이 사라진다.

그런데 옷을 만드는 과정에서 엄청난 독성 물질이 세상에 흘려보내지고 있다는 것을 알고 있는 사람은 얼마나 될까? 예쁜 옷을 한 벌 사서 입는 것만으로도 세상에 독성 물질을 배출하고, 그 물질이 다시 나에게 되돌아온다는 사실을 이제 우리도 알아야 할 때가 되었다.

동물성 소재 피하기

옷에 있어서 나는 동물성 소재를 선호하는 편은 아니다. 가장 큰 이유는 동물의 털이 몸에 닿는 느낌을 싫어하기 때문이고, 그다음 이유는 잔혹한 방식으로 희생시킨 동물의 털로 따뜻함을 얻고 싶지 않기 때문이다. 나는 가죽이나 모피 대신 면, 리넨, 마 등을 선호한다. 그러면서 '동물 보호에 일조하는 기특한 나'라며 스스로 치켜세웠었다. 하지만 내 환상은 곧 여지없이 무너졌다.

소재를 피해도 친환경은 요원하다

『물건 이야기』[6]를 통해 친환경적이라 생각했던 면 티셔츠 한 장을 만들기 위해서는 물 970ℓ가 필요한 데다, 목화 재배 면적(전체 농지 면적의 2.5%)에서 전 세계 살충제 사용량의 25%를 차지한다는 충격적인 사실을 알게 되었다.

친환경적이라고 생각했던 면은 엄청난 살충제를 뿌려 가며 키우고, 옷감을 옷으로 만드는 과정에서 환경에 엄청난 영향을 끼치고 있었다.

목화를 대규모로 재배하느라 강의 물줄기마저 꺾어 버리기도 해서 강 하구의 사막화에도 일조하고 있던 것이다.

천연 소재라던 면(목화)이 그렇게 많은 살충제와 농약, 화학 비료를 소비한다고?

동물성 소재를 피하는 것만이 윤리적인 의류 소비가 되지 않음을 그제야 깨달았다.

중고 거래

새 옷을 사지 말자고 해서 쇼핑의 기쁨을 포기하자는 의미는 아니다. 쇼핑의 기쁨이 워낙 크기에….

소비가 주는 만족감을 익힌 현대의 소비자로서 새 옷을 사지 않고도 쇼핑의 즐거움을 누릴 수 있는 방법으로는 무엇이 있을까? 바로 '중고 거래'가 그 답이다.

중고 매장 중 대표적으로 '아름다운 가게'가 있지만, 매장에서 물건을 직접 골라야 하고, 또 매장마다, 시기마다 운이 필요한 점을 감안해야 한다.

또 동네 구석구석 세컨 핸드 숍이 늘어나고 있는 추세이므로 이를 잘 확인하여 활용하는 것도 현명한 방법이다.

좀 더 다양한 중고거래를 원한다면 '당근마켓'을 추천한다. 당근마켓 어플을 통해 직거래로 구매할 수 있어 편리하다. 중고 거래가 어색한 사람들도 당근마켓은 비교적 쉽게 접근할 수 있다. 설정한 동네를 인증한 주민만 거래하기 때문에(휴대폰 위치 확인) 지역에서 안심하고 거래할 수 있다. 거래를 하고자 하는 사람의 매너 정보도 제공받아 그 지수를 보고 매너 있는 거래자를 선택할 수도 있다. 또한 매월 11일을 쓰지 않는 물건을 나누는 '나눔의 날'로 정해서 나눔 문화를 장려한다. 판매하는 물건만큼 무료 나눔 역시 잦아서 당근마켓을 자주 접속하다 보면 공짜로 물건을 구하는 행운을 누릴 수 있다.

택배는 쓰레기를 싣고

한국통합물류협회에 따르면, 2019년 총 택배 물량은 27억 9000만 개[7]로 조사되었다. 2015년부터 매년 10%의 물동량이 증가하고 있는데, 2020년 코로나19 상황에서 비대면 배송이 부쩍 늘면서 그 양은 더 큰 폭으로 증가하고 있는 실정이다. 제로 웨이스터 입장에서 보면, 택배량이 증가하고 있다는 것은 곧 쓰레기 역시 증가하고 있다는 의미가된다. 여기서 우리가 할 수 있는 것으로는 무엇이 있을까?

비닐 포장은 빼 주세요

배송 메시지에 비닐 포장은 빼 달라는 요청사항을 남겨 보자. '플라스틱 쓰레기를 만들지 않기 위해 노력하고 있으니 에어캡을 포장하지 말아 달라, 파손의 염려가 없는 제품이니 간단하게 신문지 등 종이로 포장하면 된다.' 등등.
모든 쇼핑몰이 요청사항을 들어주지는 않겠지만, 경험에 의하면, 많은 쇼핑몰이 들어주는 편이다. 이런 요청이 점점 늘어나면, 처치 곤란한 쓰레기가 되는 충전재가 아닌, 친환경적이고 지속 가능한 포장 방식을 선택하게 되지 않을까? 작은 두드림이 모여 세상을 바꾼다.

포장 공해

우리는 때때로 '어떤 선물을 할까?'보다 '어떻게 하면 예쁘고 화려하게 포장할 수 있을까?'에 대해 고민한다. 초콜릿을 주는 날은 초콜릿을 포장하고, 빼빼로 데이에는 빼빼로를 포장하고, 생일, 크리스마스, 그 외 각종 기념일이면 선물을 준비하는 것만큼이나 다양한 포장 기법을 동원해 선물을 포장하는 데 정성을 쏟는다. 그러나 포장은 폭죽놀이처럼 반짝이는 순간이 지나면 100년, 200년 동안 썩지 않는 쓰레기가 된다. 이것이 현실이다.

예쁜 쓰레기

쓰레기를 만들어 내지 않으려는 제로 웨이스트 생활을 해나가다 보면, 정성 어린 마음을 담았다고 생각한 각종 포장 소품들이 정성을 들인 예쁜 쓰레기였다는 사실을 깨달을 때가 있다.

내가 만든 예쁜 포장들은 누군가에겐 '포장 공해'일지도 모른다. 진심을 담은 예쁜 쓰레기 대신, 다른 대안을 생각해 보는 건 어떨까?

제로 웨이스터의 선물

직접 기른 수세미

선물할 때 제일 먼저 고려하는 것은 '필요'다. 전혀 쓸모없는 '예쁜 쓰레기'를 처분하는 데 어려움을 겪은 경험이 있기 때문이다. 그래서 나는 가장 먼저 '이 물건이 상대에게 필요할까?'에 대해 고민한다.

그다음에는 그 선물을 가능한 한 쓰레기를 덜 만들면서 전하는 방법을 찾는다. 자주 이용하는 선물은 '카페 음료권'이다. 감사, 축하의 마음을 휴대전화로 전달할 수 있어 좋고, 선물 받는 사람도 편하게 사용할 수 있기 때문이다. 무엇보다 가격도 부담이 없다.

선물은 대상에 따라 달라지는데, 가능한 포장을 생략하고 일상에서 사용할 수 있는 용품을 주로 고른다. 직접 기른 수세미, 손수건, 양말목으로 만든 방석, 슬리퍼 등 정성과 시간을 들여 만든 선물을 좋아한다.

버리는 달력으로 만든 편지 봉투로 수세미, 손수건 등을 포장해서 선물하기도 한다. 제로 웨이스트 모임이나 DIWO 모임을 진행할 때도 선물을 가져가는 편이다. 다행히 지금까지는 사람들이 재사용 봉투를 특색 있게 생각해서 반응이 좋았다.

지난 달력을 포장지로 활용했다.

손수건, 대나무 칫솔, 네트백 등 제로 웨이스트 제품도 선물하기 좋다. 제로 웨이스트에 관심이 없는 사람에게 제로 웨이스트를 소개하며 선물할 수 있을 뿐더러, 이미 실천하는 이에게도 역시 필요한 것들이기 때문이다.

물건의 형태가 없는 선물도 가능하다. 시간을 함께 보내고 경험을 공유하는 일 등 개인의 취향에 따라 현재라는 선물을 누리는 방법을 찾아볼 수 있을 것이다.

소일
小一
팁

포장 공해 줄이는 법

- 재사용 가능한 보자기 등을 이용하면 불필요한 포장재를 줄일 수 있다.
- 장을 볼 때는 처치 곤란한 과다 포장 제품 대신 포장이 없는 물건을 선택하여 구입한다. 마트보다는 전통 시장이 포장 없이 장보기가 수월하다.
- 택배를 주문할 때 깨지지 않는 물건은 포장을 생략해 달라고 요청하거나 플라스틱 포장재 대신 종이 포장을 부탁한다. 깨질 수 있는 물건의 경우, 플라스틱 에어캡 대신 종이 충전재나 옥수수 전분으로 만든 친환경 충전재를 이용하는 방법이 있다.

종이 영수증 대신
전자 영수증

쓰레기를 만들지 않는 것은 반복과 노력을 통해 들일 수 있는 습관이다. 그런데 거절하기도 께름칙하고 가지고 있기에도 부담스러운 것이 있다. 바로 영수증이다. 결제를 할 때 "영수증은 필요 없습니다."라고 말하면 영수증을 인쇄하지 않는 것이 아니라 영수증을 소비자 대신 버려 주는 경우가 대부분이기 때문이다. 내 손에 닿지 않고 내가 버리지 않았다고 해서 쓰레기가 없어지는 게 아니지 않은가?
그런데 요즘은 별도로 요청하지 않으면 따로 영수증을 발행하지 않거나, 전자 영수증을 발급해 주는 곳이 생기고 있다. 어플을 깔거나 회원가입을 하지 않아도 되어 간편하다.

우체국 모바일 영수증

우체국 '모바일 영수증'이 바로 그것이다.
기본 영수증을 SMS 문자(카카오톡으로 문자가 온다.)로 발급하고, 따로 요청해야만 종이 영수증을 주는 시스템을 기본으로 한다. SMS로 등기번호를 확인할 수 있고, 종이 쓰레기도 만들지 않아 일석이조다.

제로 웨이스트를 실천 중인 우체국

전자 명세서

종이 세금 계산서가 전자 세금 계산서로 변환되었듯 종이 명세서도 전자 명세서로 발급받을 수 있다. 전자로 약관, 설명서, 안내서 등을 제공하는 기업이 무척 많으니 필요시 문의해 보자.

나는 명세서를 모두 전자로 받고 있지만, 부모님의 경우 카드 명세서 등을 아직도 우편물로 받는다. 백번 양보해서 우편물로 보낸다고 쳐도, 주소란에 있는 투명 비닐 창은 없애는 게 어떨까? 비닐 창 때문에 분리 배출을 할 때마다 비닐을 떼어 내는 수고로움을 거쳐야 하기 때문이다. 자원의 재활용 비율은 높이고, 플라스틱 사용을 절감하려고 노력하는 요즘 시대에 비닐 창은 되려 역행하는 모습이 아닐까?

개인과 사회 공동의 문제

제로 웨이스트를 실천하기 위해 개인이 시간을 들이고 비용을 감당하는 것이 과연 합당한지 때때로 의문이 들 때가 있다. 쓰레기 문제는 개인만의 것이 아니고, 전 지구가 함께 극복하고 해결해야 할 문제이기 때문이다. 제로 웨이스트 지구를 달성하기 위해 사회 전체가 비용을 분담하고 제도를 만들어 이행하는 노력이 절실하다.

그리 간단치 않은 문제

쓰레기를 만들면서 저렴한 물건이 있고, 쓰레기를 만들지 않지만 비싼 물건도 있다. 단순하게 '쓰레기 없는 물건'을 선택하고 싶어도 현실은 그리 간단하지만은 않다.

쓰레기를 만들지 않기 위해 비닐봉지 대신 주머니를 챙기는 등의 용기를 내는 수고까지는 기꺼이 할 수 있다 쳐도, 경제적인 손실 앞에서 제로 웨이스트를 고집하기란 쉽지 않다. 혼자 살면 혼자 사는 대로, 혼자 살지 않으면 혼자 살지 않은 대로 어렵기는 마찬가지다.

비용만의 문제는 아니다. 유기농 면으로 만든 에코백을 구입한다고 가정해 보자. 공정 무역 제품이라고 하면 해외에서 수입해 온 물건이 대부분이다. 아주 간단한 포장만 되어 있거나, 무포장 제품이라고 할지라도 먼 해외에서 우리나라까지 오는 과정에서 배출한 온실가스는 어떻게 생각해야 할까? 만들어지는 과정이 정당하고 포장마저 없는 제품을 구입하는 일이 환경에 끼치는 긍정적인 영향과, 먼 거리를 이동하며 배출한 온실가스 등의 부정적인 영향을 비교해야만 한다. 쉽지만은 않은 문제다.

이론적으로는 로컬 먹거리를 먹고, 지역 생산품을 소비하며, 자급자족에 가까운 생활을 하는 것이 궁극적인 '제로 웨이스트'에 가까워지는 길일 것이다. 하지만 우리나라처럼 좁은 영토에서 그 많은 사람이 모두 자급자족하기란 불가능한 일이다.

환경이라는 단어 자체에 이미 여러 의미가 중첩되어 있는 것처럼 제로 웨이스트 실천 또한 그렇게 단순하게 접근할 수 있는 일만은 아니다. 이 사실을 인지하는 것 역시 제로 웨이스트를 하는 첫걸음이라고 생각한다.

공짜 포장을 반대한다

비닐봉지 가격을 책정할 때 환경에 끼치는 영향까지 반영했다면 이만큼 저렴한 가격은 아니었을 것이다. 비닐봉지 사용을 아예 금지한 르완다나 케냐처럼 우리나라의 마트

풍경도 바뀌길 기대한다면 너무 급진적인 환경주의자가 되는 것일까?

소비자가 아무리 장바구니를 가지고 다닌다고 해도 포장이 이미 된 상태에서는 비닐봉지 사용을 완전히 줄일 수 없다. 이는 곧 완전한 제로 웨이스트는 불가능하다는 것을 의미하는 셈이다. 그러다 보면 대형마트 같은 유통업체가 좀 바뀌어 주었으면 하고 바라게 된다.

대중교통을 이용해서 거리가 먼 전통 시장을 가고, 각종 주머니, 용기를 따로 챙기고, 포장 없는 가게를 찾아다니고, 무거운 물품을 다시 이고 지고 집으로 오고… 개인이 실천할 수 있는 제로 웨이스트 방법은 사실 무척 수고롭다. 이런 수고를 기꺼이 하는 사람도 물론 있겠지만, 하고 싶어도 할 수 없는 사람도 사실 많다.

환경 보호에 대한 필요성과 플라스틱 오염에 대한 심각성을 많은 사람이 인지하고 공감하는 요즘, 이제는 사회, 법, 기업이 나서야 할 차례가 아닐까? 가능하면 포장을 하지 않고 물건을 팔고, 꼭 필요한 경우에만 생분해 비닐 등을 사용하는 친환경적인 방법을 찾기를 바란다. 앞으로 미래를 기대할 수 있는 지속 가능한 사회가 되길, 누구나 고민하지 않아도 자연스럽게 친환경 생활이 가능한 세상이 되길 바란다.

위생용품 편

일회용 월경대 대신 월경컵

여성이 평생 배출하는 난자 수는 평균 500개다. 이 난자가 모두 소진된 것을 '완경'이라고 부른다. 이를 계산하면 초경을 시작해서 약 42년 동안 월경을 한다는 이야기가 된다. 한 달에 한 번, 평균 4일 동안 월경을 한다고 할 때 하루에 5개의 월경대를 쓴다고 가정하면, 매달 20개가 된다. 이를 평생 500번 사용하는 것으로 계산하면, 한 사람당 평생 버리는 월경대는 만 개가 된다.

월경컵 구입 계기

일회용 월경대의 대안을 생각했을 때, 가장 먼저 떠오른 건 면 월경대였다. 주변에서도 면 월경대로 바꾼 후 월경통에서 벗어났다며 추천을 많이 하던 차였다. 면 월경대를 사기 위해 검색해 보니, 가격이 생각보다는 그리 싸지 않았다.(그럼에도 일회용 월경대보다 25%는 저렴하다.) 무엇보다 매번 빨래를 해야 한다는 부담감이 컸다. 선뜻 면 월경대를 사야겠다고 결정하지 못하고 갈팡질팡하던 중에 『죽기 아니면 친환경 뷰티』에서 우연히 월경컵의 존재를 알게 되었다.

'바로 이거다!' 싶어 주문을 하려고 검색을 해 봤지만, 검색 창에 나오지 않았다.(2016년 당시는 한국에서 판매 금지 상태 였다가 2017년 말 다시 판매가 허가되었다.) 귀찮지만 어쩔 수 없이 일본 돈 4,780엔에 직구를 했다. 그렇게 처음 구입한 월경컵은 '문컵'이다.

첫 월경컵 사용기

월경컵이 도착하자, 때가 오기를 기다렸다.(월경을 기다려 보기는 난생 또 처음이다.) 월경컵의 모양에 대해 말하자면, 윗면에 체내에 펴지기 위한 공기 구멍이 있고, 아랫면에 삐 죽하게 나온 부분은 월경컵을 꺼낼 때 도움이 된다.

사실 월경컵을 처음 보았을 때 '이걸 도대체 어떻게 넣으라 고?' 하는 의구심과 함께 두려움이 몰려왔다.

안내서에는 이렇게 적혀 있었다.

"월경컵을 잘 접어서 질에 넣는다."

탐폰조차 써본 적이 없는 나로서는 지레 겁을 집어먹었다. 그냥 포기하고 일회용 월경대를 써야겠다고 생각하기도 했다. 그렇게 포기하려는데 오기가 생겼다.

'사람들 다 하는데, 까짓것 해 보지 뭐.'

막상 성공하고 보니 이걸 안 했으면 어쩔 뻔했나 싶게 좋은 점이 많았다. 최장 12시간 동안 착용할 수 있으니 굳이 외출 상태에서 월경컵을 비울 필요도 없고, 중간에 새는 일도 없었다. 익숙해지는 데 시간이 조금 필요하지만, 그 시간만 지나면 아무런 이물감이 느껴지지 않는다.

환경도 보호하고 내 몸까지 아끼는 느낌이 든다는 점에서 오랜 외출 시 월경혈 비우기가 귀찮다는 단점을 상쇄하고도 남는다.

무엇보다 일회용 월경대 쓰레기를 줄이는 데 일조했다는 기쁨이 크다.

화장지 사용 줄이기

우리는 하루에 휴지를 얼마만큼 쓸까?

성인의 경우 보통 하루에 4회 정도 소변을 보는데, 평균적으로 한 번 휴지를 쓸 때 두루마리 휴지를 1m 가까이 사용한다고 한다. 즉 우리는 매일 소변을 보느라 4m의 휴지를 쓰고 있는 셈이다.

화장지를 만들기 위해서는 수많은 나무가 벌목된다. 화장지를 하얗게 만들기 위해서는 형광 증백제 등 화학 약품이 사용된다. 이는 우리 몸에 좋지 않은 것은 물론, 강과 바다도 오염시킨다.

환경부 연구에 따르면, 연간 화장지 사용량을 20%만 줄여도 연평균 6,236톤의 이산화탄소를 줄일 수 있다[8]고 한다. 또 펄프의 운송 과정에서 발생하는 온실가스도 줄어든다. 한 번 쓰고 버려지는 화장지를 대신할 만한 물건은 많다. 작은 수고로움만 감내하면 지구를 지킬 수 있다.

화장지 대신 소창 손수건

화장지는 '필요'에 의해 쓴다기보다 '습관'으로 쓰게 되는 경우가 많다. 카페에 가면 '티슈가 혹시 필요할지 몰라.' 하는 마음으로 화장지를 한 줌 챙겨 오게 된다. 한 장만 필요한 경우에도 식당 테이블 한쪽에 있는 티슈를 몇 장씩 꺼내 사용하기도 한다. 콧물이 줄줄 흐르는 감기에 걸리면 티슈 한 상자를 아예 끼고 산다.

티슈 사용을 줄이기 위해 손수건을 사용한다고 쳐도, 물기를 닦은 손수건을 다시 주머니에 넣었다가 사용하거나 코를 풀거나 먼지를 닦은 손수건을 다시 사용하는 것이 위생상 찝찝한 것은 사실이다.

그렇다면 조금 더 청결하게 손수건을 사용하는 방법은 없을까? 티슈만 한 크기의 작은 소창 손수건에 그 해답이 있다. 작은 손수건 여러 장을 휴대하며 티슈 대신 사용하고, 사용한 손수건은 모아 뒀다가 한 번에 빨면 된다.

콧물은 소창 손수건에!

코를 풀고 콧물을 닦을 때도 '제로 웨이스트'는 계속된다. 티슈나 화장지에 코를 풀면 금세 코밑이 헌다. 그러나 손수건에 풀면 코밑이 허는 일이 없다. 화장실에서 간단히 빨아서 말리면 소창으로 만든 손수건이라 금방 마른다. 쓰레기 하나 만들지 않고 코밑도 헐지 않으니, 이만한 물건이 또 있을까?

한 줌도 되지 않는 크기다.

화장실용 손수건

머리로는 이해했지만, 늘 귀찮고 찜찜하다는 이유로 미뤄 온 일을 실천해야 할 때가 왔다. 그것은 화장실에서 손수건 이용하기!

작은 일을 볼 때는,

1. 볼일을 본다.
2. 화장실용 손수건으로 닦는다.
3. 손을 씻으며 화장실용 손수건을 세탁한다.(굳이 세제를 쓸 필요가 없다.)
4. 말린다.
5. 다시 볼일을 보고 화장실용 손수건을 사용한다.

큰 일을 볼 때는,

1. 핸디비데(태국 등 동남아시아 국가에서 자주 볼 수 있는 수동 비데로 변기에 부착되는 일체형 비데보다 위생적으로 사용할 수 있다.) 혹은 비데를 이용한다.
2. 화장실용 손수건으로 물기를 닦는다.
3. 손을 씻으며 화장실용 손수건을 세탁한다.
4. 말린다.

화장실용 손수건의 모든 것

장점

1. 화장지 사용이 급감한다.
2. 촉감이 훨씬 부드럽다.
3. 한 번 사용하고 바로 빨아서 말리면 금방 마른다.

단점

1. 매번 사용할 때마다 빨아야 한다.
2. 자주 삶아야 한다.
3. 아무리 빨리 마른다 한들 외출 시 불편하다.

※ 외출용 손수건 말리기 팁
　　외출 시에는 소창 손수건의 사용에 제약이 따를 수밖에 없다. 이럴 때 에코백에 핀으로 고정해 말리면 수월하다.

※ 화장실에서 휴지 대용으로 사용하니 일반 손수건만큼 클 필요는 없다. 개인마다 다르겠지만, 나는 20cm×20cm나, 10cm×25cm크기가 사용하기 편했다.

제로 웨이스트
관점에서 노푸

'노푸'는 계면 활성제와 화학 물질을 포함하고 있는 샴푸를 사용하지 않는 머리 감기의 한 방법이다.

나는 2016년 가을부터 지금까지 샴푸를 사용하지 않고 있다. 이런저런 시도를 하고 실패를 거치면서 노푸를 시작한 지 1년 정도 지났을 때 머리 감는 방식이 정형화되었다. 비누로 감는 것은 일주일에 한두 번, 구연산액으로 머리를 헹구는 것은 주 1회, 나머지 날은 참빗으로 머리를 빗고 물로 두피를 마사지 한다.

노푸를 시작하기 전과 비교해 보면 지금은 머리카락이 훨씬 튼튼해졌고 제법 굵어졌다. 무엇보다 머리카락 빠짐도 훨씬 줄었다.

무엇보다 샴푸통, 샴푸 리필팩 등 재활용하기 어려운 유색 플라스틱 쓰레기를 배출하지 않을 수 있고, 샴푸 거품을 하수도로 흘려 보내지 않을 수 있어 좋다. 다행스럽게도 나는 노푸가 잘 맞지만, 노푸가 모든 사람에게 맞는 것은 아니다. 그러므로 각자의 두피 습성에 따라 적절히 활용하면 좋겠다.

구연산 vs 식초 vs 린스

건강하고 윤기 있는 머릿결을 위해 우리는 린스를 한다. 하지만 극적인 효과만큼 성분이 무척 강하다는 것 또한 인지해야 한다.

화장품 성분을 분석하는 어플 '화해'에서 본인이 사용하는 제품을 검색해 보면, 린스의 성분에 대해 여러모로 생각해 볼 수 있는 계기가 될 수 있다.

식초는 린스에 비해 향기는 좋지 않지만, 직접 식촛물에 머리를 헹궈 보면 머리카락이 부드러워지는 효과가 린스에 비해 그리 떨어지지 않는다는 것을 알게 된다. 린스는 즉각적으로 부드러웠다가 시간이 지나면 푸석해지는 데 반해 식초는 그 효과가 더 오래 지속된다.

식초와 구연산은 천연 성분이라는 점에서는 차이가 크지 않지만, 식초는 영양분이 있어 균을 증식시킬 가능성이 있고 특유의 시큼한 냄새가 나는 반면, 구연산은 냄새가 없고 영양분이 없어 균이 증식할 염려가 없다. 하지만 냄새가 없어 농도를 감각적으로 조절할 수 없고, 일정량을 정확히 계량해서 사용해야 한다는 번거로움이 따라온다.

개인적으로는 분무기에 구연산 한 숟가락을 희석해서 분사하는 방식이 제일 잘 맞았다.

노푸를 하면서 좋은 것을 꼽으라면 두피나 등의 여드름이 없어졌다는 점이다. 무엇보다 린스를 사용했을 때에 비해 식초와 구연산을 썼을 때 향기가 없다는 점 외에 극적으로 다른 점을 느끼지 못했다.

그만큼 식초나 구연산만으로도 머리를 감기에 충분하다는 의미 아닐까?

린스로 헹구기

장점

- 즉각적으로 머릿결이 부드러워진다.
- 향이 진하다.

단점

- 계면 활성제가 들어 있다.
- 영양 성분 때문에 기름지다.
- 등 여드름의 원인이 된다.
- 깨끗하게 헹구려면 오래 감아야 한다.

식초로 헹구기

장점

- 유해 성분이 없다.
- 린스에 비해 가격이 저렴하다.
- 헹구기 쉽다.

단점

- 시큼한 냄새가 난다.
- 여러 번 머리를 헹궈야 냄새가 나지 않는다.
- 두피 상처에 닿으면 쓰라리다.

물로만 씻을 때
실패하지 않는 법

나는 샤워나 세안을 할 때도 물로만 씻는다. 너무 뜨겁지 않은 미온수로 씻기만 해도 (화장품을 바르지 않아서 그런지는 몰라도) 충분히 깨끗하게 세척이 된다. 단, 코로나19 감염병이 유행하는 상황인 점을 감안하여 손은 비누로 30초간 꼼꼼히 씻는다.

물로만 씻을 때 실패하는 원인
1. 각질이 심하게 일어나고 건조하다.
2. 화이트헤드, 블랙헤드 등 피부 유분 조절이 안 된다.
3. 여드름이나 뾰루지 등 피부 트러블이 생긴다.

우리는 화학 제품을 통해 피부의 유·수분을 관리하는 데 익숙해져 있다. 노푸와 마찬가지로 화학 제품을 끊고 피부가 본래 가지고 있는 유·수분의 균형을 찾는 데는 오랜 적응 시간이 필요하다.

물로만 씻을 때 실패하지 않는 방법
1. 여유로운 마음을 가지려고 노력하자.
   내 몸이 스스로 건강해질 때까지 시간을 주자. 손으로 만져 덧나게 하지 않으면 어느 정도 도움이 된다.

2. 지나치게 엄격한 방법을 적용시키지 말자.

예외는 실패가 아니다. 날씨가 엄청 건조해서 얼굴이 찢어질 것 같은 날, 마음의 부담을 가지지 말고 화장품을 조금 바르자. 나는 바셀린을 덜어서 손바닥에 녹여 얇게 펴바르는 방식을 이용해 각질 문제를 해결했다.

피부에 염증이 생긴 경우에는 꼭 피부과 진료를 받자. 무작정 화학 제품을 거부하는 것은 위험한 일이다.

3. 화학 제품을 이용해야 한다면, 그 양을 점점 줄여 가는 방식으로 시도해 보자.

샤워 시간 줄이기

지구상의 물 중에서 오직 3%만이 사람들이 사용할 수 있다. 인간들은 자연이 스스로 물을 정화하는 데 걸리는 시간보다 더 빨리 물을 오염시키고 있다.

샤워 시간을 2분만 줄이면 $40\ell^9$의 물을 아낄 수 있다고 한다. 샤워 시간을 줄이기만 해도 기후 위기를 극복할 수 있는 셈이니 당장 오늘부터 시도해 보는 건 어떨까?

치약 없는 삶

화학 제품을 쓸 때마다 드는 의문이 있다. 정말 이 제품이 우리 삶에 필수적일까? 매번 새로운 기능을 가진 생활 화학 제품이 쏟아져 나오는데, 정말 우리에게 그 기능이 필요한 것일까?

제품을 판매하는 기업의 주장만을 듣는 게 아니라 주체적으로 생각해 보기 시작한 것이다. 그렇게 질문을 하다 보니, 점점 내가 쓰는 화학 제품이 줄기 시작했다.

그중 제일 마지막에 도전한 것이 바로 '치약'이다. 치약은 생활의 필수품이라는 생각을 지울 수 없었기 때문이다. 하지만 아무리 순한 성분을 가진 치약을 골라 사용해도 양치 후의 텁텁함은 여전했고, 무엇보다 치약 한 통을 다 쓸 때마다 튜브 쓰레기가 생기는 것이 고민이었다.

『나는 쓰레기 없이 산다』에서 소개[10]하는 대로 베이킹소다와 코코넛오일로 천연 치약을 만들어 써 보기도 했다. 하지만 그 효과에 별로 만족하지 못했다. 게다가 책 내용대로 베이킹소다와 페퍼민트로 양치를 한 어느 일본인 제로 웨이스터가 치아의 법랑질이 마모되고 깨졌다는 글을 본 직후라 더욱 그랬다.

대체할 천연 재료로는 죽염을 생각했다. 하지만 몇 번 시도해 보니 짠맛 때문에 입안이 얼얼하게 느껴지고 이도 상하는 것 같아 포기했다. 허브 종류로 만들었다는 가루 치약을 찾아보았으나, 외국에서 수입해 오는 데다 가격도 비싸서 관뒀다.

이쯤 되자, 나는 '치약이 꼭 필요한 것인가?'에 대해 고민하기 시작했다. 마침 그즈음 치약의 종류와 성분이 중요한 것이 아니라, 이물질이 남아 있지 않도록 칫솔질을 바르게 하는 것이 더 중요하다는 기사[11]를 읽게 되었다. 걱정과 고민을 안고 의심도 반쯤 안은 채로 나는 새로운 시도를 하기 시작했다.

치약 없이 살기,
두 달 후 결과는?

그것은 치약 없이 칫솔질하기. 칫솔로 어금니 구석까지 꼼꼼하게 닦고 혓바닥과 입천장도 살살 닦아 내 보았다. 평소 치약을 쓸 때보다 훨씬 오랜 시간이 걸렸지만, 오히려 치약 거품이 없으니 더 편하게 칫솔질할 수 있었다. 올바른 칫솔질이 중요하다고 하더니 과연 개운했다. 당장 치약을 끊기는 좀 어렵겠지만, 치약 없이 빈 칫솔질하기를 하루에 한두 번 정도 시도해 보기로 했다.

처음에는 치약 없이 양치하는 것이 매우 허전하게 느껴지더니 점점 치약을 쓸 때보다 개운해지기 시작했다. 거품이 없으니 오히려 구석구석 칫솔질을 하게 되었던 것이다. 두 달 후, 치과에 가서 검사해 보았더니, 충치도 없었고 치석도 없었다!

"지금처럼 관리하시면 됩니다."

치과의사 선생님의 인정까지 받았다. 이제는 어디를 가든 칫솔만으로 양치를 하게 되었다.

치약 없이
칫솔질하는 요령

- 구석구석 꼼꼼하게 양치하자.
- 치약을 사용하더라도 콩알만큼만 사용하자.
- 치약을 사용했을 때는 입에 화한 느낌이 나지 않게 여러 번 헹구자.
- 양치 컵을 꼭 쓰자.
- 소금물을 세면대에 준비해 두고, 칫솔질 전에 한 번 담그고 칫솔질 후에 한 번 더 담그자.(항균 효과를 위해)

혀 클리너

치약 없이 빈 칫솔로 양치를 하면서 아무래도 제일 신경이 쓰인 부분은 입냄새였다. 청결의 문제이기도 하고, 타인에 대한 매너이기도 하기 때문이다. 치약은 그 양이 아주 적다 할지라도 향이 무척 강해 입냄새를 향으로 덮는 느낌이 있었는데, 그것마저 쓰지 않으니 민낯을 그대로 드러낸 기분이었다.

그런 찝찝함을 해결하는 데 도움을 준 것이 바로 '혀 클리너'다. 처음에는 플라스틱 혀 클리너를 하루에 한 번씩 사용하다가 이제는 스테인리스 클리너로 정착했다.

빈 칫솔질로 모든 치아를 다섯 번씩 세 방향으로 닦고, 혀 클리너로 살살 긁어 내면 입이 아주 개운해진다.

무엇을 먹는가가
냄새를 좌우한다

화학 제품인 향료 없이 살면서 절감한 것이 있다. 무엇을 먹는가가 나의 냄새를 좌우한다는 것이다. 체취를 감춰 주는 향료 없이 살다 보니 어떤 음식을 먹었을 때 어떤 냄새가 나는지 놀랍도록 정확하게 알 수 있다.

평소 채식 위주의 식사를 할 때는 느끼지 못하는 체취(물로만 샤워하고부터 체취가 거의 사라졌다.)가 신기하게도 동물성 식품을 먹으면 느껴진다. 예전에 오메가3 영양제를 먹으면 트림을 해도 비린내가 나고 소변, 대변, 땀에서도 비린내가 너무 심해서, 영양제를 끊은 경험이 있다.

마찬가지로 입냄새도 어떤 음식을 먹느냐에 따라 달라진다. 화학 제품을 줄여서 노케미족으로 살 수 있는 이유는 어쩌면 채식 위주의 식사 덕분이 아닌가 싶다. 동물성 식품을 먹었을 때는 입이 개운하지 않아 가끔 치약을 이용할 때도 있긴 했지만, 치약 없이 1년을 넘게 살아 보니 앞으로도 계속 살아도 되겠다는 자신이 생겼다.

돈모 나무 칫솔 후기

독일에서 직구한 돈모 나무 칫솔이 도착했다. 칫솔모가 생각보다 큰 편이고 나무도 두껍다. 칫솔모 부분을 만져 봤을 때 플라스틱 모보다 뻣뻣하게 느껴진다. 천연 소재라서 선택했지만, 사용하기에 좀 크다는 느낌을 지울 수 없다. 어린이나 입이 작은 사람은 어려울 것이라 여겨진다. 한 개 8,000원 정도라 저렴하지 않다는 점도 단점. 치약을 조금 짜서 양치해 보니 칫솔모가 한두 개 빠진다. 두세 번 더 사용하니 뻣뻣함도 사라지고 털이 빠지는 것도 사라졌다. 칫솔모 부분의 나무가 두께감이 있어서 양치하기 수월하지는 않다. 플라스틱 모의 탄성력에 비해 탄성력이 떨어져서 이 사이까지 개운하게 양치되지는 않는다. 결국 돈모 나무 칫솔을 쓰려면 치실 사용은 필수일 듯하다. 그럼에도 환경을 위한다는 뿌듯함은 따라온다. 직구를 피할 수 있도록 국내의 대나무 칫솔을 만드는 분들이 플라스틱 모 말고 돈모로도 개발해 준다면 좋겠다.

외출 편

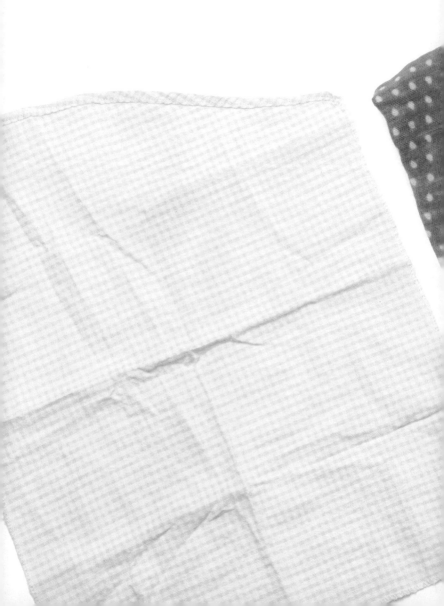

손수건 활용법

제로 웨이스트를 하면서 제일 아끼는 물건이 무엇이냐 묻는다면 망설임 없이 '손수건'이라 답할 것이다. 워낙 쓰임이 많아 자주 사용하게 되기 때문이다.

손수건 활용법은 참으로 다양하다. 문제는 '손수건' 자체를 챙기는 것을 자주 잊는다는 점에 있다. 어떻게 하면 손수건을 잘 챙기고 잘 활용할 수 있을까?

손수건은 그리 무겁지 않으니 가방에 미리 넣어 두기만 하면 활용할 수 있는 순간은 무궁무진하다. 손수건 활용 습관만 생기면 무의식 중에 손수건을 챙기고 있는 자신을 발견하게 된다. 제로 웨이스트, 플라스틱 프리의 핵심 도구인 손수건을 많은 사람이 더 많이 이용하면 좋겠다.

손수건은 언제나 내 곁에!

여름철 의자에 깔고 앉기

여름철, 반바지 차림으로 가죽 소파에 앉으면 맨살이 쩌억 하고 달라붙는다. 이럴 때 손수건을 깔고 앉으면 땀이 고이지 않는다. 방석이 없는 곳에 앉을 때, 맨땅에 앉거나 풀밭에 앉을 때 손수건 한 장이면 끄떡 없다.

비닐봉지 대신 손수건

비닐봉지를 피하고 싶을 때 손수건은 그 역할을 톡톡히 해낸다. 물기가 적은 음식물부터 각종 물건까지 그 무엇이든 담는 만능 포장재 역할을 한다.

만능 손수건의 활용법

간단한 접시

손수건은 무의식적인 일회용 사용을 막는다.

일회용 접시를 쓰고 싶지 않지만 접시를 들고 다니는 것은
쉽지 않은 일이다. 그럴 때 손수건이 제 역할을 톡톡히 한
다. 과일, 채소를 둘둘 싸가지고 나가면 초간단 도시락이
완성되기도 한다.

급할 땐 수건 대용으로

수영을 하러 갈 때 소창 수건을 늘 챙기는데 하루는 잊고
간 적이 있다. 급한 대로 겉옷 주머니에 있던 손수건으로
물기를 다 닦고 나왔다. 이렇듯 급할 때는 수건 대용으로
사용할 수 있다.

손수건으로 머리 묶기

머리끈이 톡 하고 끊어진 날, 예비로 챙긴 머리끈도 없는 상황이라면 주머니 속 손수건을 길게 접어서 머리를 묶어 보자. 고무줄처럼 튼튼하지는 않지만, 몇 시간을 고정할 수 있을 정도의 견고함은 충분하다.

여름철 추위 대비

손수건 한 장의 위력!

여름철 지하철이나 버스를 타면 엄청난 냉방에 추위를 느낄 때가 많다. 바깥 날씨는 너무 덥고 대중교통 속의 온도는 너무 낮을 때 손수건 한 장을 덮으면 추위가 한결 덜하다.

기타

코감기 걸렸을 때 코 풀기, 물건 포장하기, 도시락 포장하기, 화장실 티슈나 손 건조기 대신 물기 닦기, 개인 컵(텀블러) 뚜껑으로 이용하기 등등 그 기능은 무궁무진하다.

손수건의 기능은 다양해!

기능뿐 아니라 미적인 역할도 톡톡히 해낸다.

만능 보자기

손수건은 이곳저곳에 쓰임이 많지만, 35~45cm 크기의 손수건으로 물건을 포장하기에는 한계가 있을 때도 있다. 그럴 때 사용하면 좋은 것이 바로 보자기다. 보자기의 사용은 우리의 상상을 넘어선다. 로프, 복대, 앞치마, 두건, 스카프까지 그 쓰임은 손수건 이상이다.

가방 대신 보자기

짐이 많지 않은 날에는 보자기로 가방을 대신할 수 있다. 클러치처럼 들 수도 있고, 작은 물건만 들었을 때는 지갑처럼 작게 접을 수도 있다.

만능 보자기 가방

평소에는 손이나 팔목에 둘둘 말아 두어도 되고, 잘 접어 주머니에 넣어도 된다. 물건을 싸매는 방법과 물건의 크기에 따라 끊임없이 모양이 변하니 질리지 않는다는 장점이 있다.

보자기 패셔니스타로 거듭나 보자.

책보

평소 들고 다니는 물건이 스마트폰, 카드지갑, 손수건 정도라서 가방을 거의 들고 다니지 않는 편이다. 그런데 책을 챙기면 두 손이 불편해지고 가방을 챙기자니 책 한 권만 든 가방이 짐 같다. 그럴 때 가방 대신 보자기를 쓴다. 물건이나 책을 옮길 때는 가방처럼 보자기를 쓰고, 물건을 옮기지 않을 때는 착 접어 주머니에 넣는다. 보자기를 책보로 쓰는 것은 옛날 옛적 이야기 같아도 실은 요즘 유행하는 힙색과 별반 다르지 않다. 천연 섬유로 만들 수 있고, 물건에 따라 모양이 변해서 그 묘미가 있다. 보자기에 책을 넣으면 책보로, 도시락을 넣으면 도시락보로, 이름도 기능에 따라 바뀐다.

채소를 보관할 때

비닐봉지 대신 보자기로 채소를 감싸 냉장고 채소칸에 보관할 수 있다. 특히 흙이 묻은 채소를 보자기로 감싸면 오랜 보관이 가능하다. 긴 파나 큰 호박을 손쉽게 보관할 수 있는 장점도 있다. 상추 등 냉장고에서 잘 무르는 채소를 냉기로부터 막아 주어 오래 보관할 수 있다. 잠시 보관하는 채소라면 어떤 것이든 가능하지만, 장기간 보관하는 경우라면 물기 많은 채소는 피해야 한다. 채소의 물기와 냉장고의 습기가 만나 보자기에 곰팡이가 필 수도 있기 때문이다.

선풍기를 보관할 때

여름이 지나 선풍기나 에어컨이 무색해진 날씨가 되면 보자기로 싸서 보관할 수 있다. 명절 선물 받을 때 한 겹 한 겹 쌓여 있던 보자기를 버리지 말고 챙겨 두면, 이렇게 쓸 데가 생긴다.

생수 대신
텀블러

생수는 언제부터 우리 삶의 필수품이 되었을까?

플라스틱 생수병의 일생

간단 명료하게 말할 수 있다. '편리함' 하나를 빼놓고 생수는 좋은 점이 단연코 없다. 일단 친환경적인 면이 없다는 점에서 제로 웨이스트의 강적이다. 게다가 생수는 전국의 물 좋고 공기 좋은 곳의 이름을 따거나, 직접 그곳의 물을 개발한다. 예를 들어 히말라야 어딘가의 물이 깨끗하다고 하면 그 물이 플라스틱에 병에 담기기까지 산을 깎고 공장을 지어 플라스틱 병에 담은 뒤 화석 연료를 이용해 운송한다. 여기까지 과정만으로도 자연을 파괴하고 자원을 소비하는데, 소비자의 손을 거쳐(심지어 뚜껑을 따다가 미세 플라스틱이 물속으로 들어갈 수도 있다.) 재활용으로 분리 배출된다.

재활용품은 매립되거나 소각 쓰레기가 된다. 매립되는 경우에는 100~500년간 땅속에 남아서 분해되지 않는다. 이 마저도 잘 처리한 경우고, 길거리, 하천, 바닷가에 휙 던져

진 플라스틱 생수병은 물길을 타고 흘러 흘러 태평양 한가운데 있는 프랑스 영토만큼의 거대한 쓰레기 섬에 안착한다. 이 생수병은 바다에서 햇빛을 받고 파도에 치이면서 점차 작은 플라스틱 조각이 된다. 그 조각이 작아지면 미세 플라스틱 조각이 되어서 환경 호르몬과 독극물을 빨아들인다. 건강에 악영향을 끼칠 모든 준비가 완료된 플라스틱이 전 세계 바다와 하천을 떠도는 것이다. 먹이 피라미드상 가장 꼭대기에 있는 인간은 생태계의 축적된 플라스틱을 제일 많이 먹게 된다.

플라스틱 생수병의 생애와 순환을 생각해 보면, 아름다운 자연환경을 자랑하는 장소를 생수 이름으로 하는 게 얼마나 아이러니한 일인지 새삼 실감할 수 있다.

수돗물 이용하기

지구의 71%가 물이라지만, 마실 수 있는 물은 전체의 0.003%[12]뿐이다. 이것이 우리가 물을 절약해서 써야 하는 이유지만 실천하기는 참으로 어렵다.

물 절약 실천 법
1. 양치 컵을 이용한다.
2. 샤워 시간을 줄인다.
3. 물을 받아서 설거지한다.

물 사용량을 줄이는 것도 중요하지만, 어떤 물을 사용하는가도 중요하다. 일단 생수보다 수돗물을 사용하는 것이 중요하다. 그러나 수돗물을 마시기는 좀 꺼려지는 것도 사실이다.

누구나 한 번쯤 '수돗물을 정말 그대로 마셔도 될까? 끓여서라도 마셔야 하는 거 아닌가?' 하고 생각해 봤을 것이다. TV 프로그램 「YTN 녹색의 꿈-수돗물 마셔도 되나?」는 그런 의문을 해결해 준 다큐멘터리다. 우리나라 수돗물은 전 세계 128개국 수돗물 중에서 8위를 했을 정도로 깨끗하고 관리가 잘된 물이다.

TV 프로그램 「어서 와, 한국은 처음이지?」에서 핀란드에서 온 친구들이 수돗물을 거리낌없이 마시는 장면만 봐도 해외에서 수돗물을 바로 마시는 경우가 많다는 것을 알 수 있다. 유럽의 식당에서도 물을 주문하면 유리병에 담긴 수돗물을 준다. 이제 의심을 거두고 바로 마셔 보자! 심리적인 거부감만 버리면 의외로 나쁘지 않다.

집에서
음료 챙겨 가기

바깥에서 음료를 사 먹는 것도 좋지만, 내가 마실 음료는 내가 준비해서 다녀 보는 건 어떨까? 이름하여 홈 카페에서 테이크아웃해서 외출하기!

홈 카페 노하우

직접 음료를 준비할 때는 다음과 같은 몇 가지 방법을 이용한다.

1. 텀블러에 커피 담아 가기
2. 잎차를 포장하여 가지고 가기
3. 약탕기에 달인 차(도라지차, 대추차, 수정과 등등)를 물병에 덜어 가기
4. 냉침하여 우린 보이차를 담아 가기
5. 매실청, 귤청, 홍삼청, 생강청 원액을 들고 다니다가 물에 타서 마시기
6. 믹스커피 분말 텀블러에 담아 가기

집에서 직접 담그거나 달인 차를 가지고 가면 어느 곳에서나 홈 카페가 된다.

유난스럽게 가리고 따지는 것이 많다고 생각할 수 도 있을 것이다. 그러나 그만큼 환경에 끼치는 영향은 적으니, 제로 웨이스터로서 이 정도의 유난은 좀 떨어도 되지 않을까?

유리병 관리법

주둥이가 좁은 유리병의 경우 깨끗하게 닦아 내기가 어렵다. 그럴 땐 '과탄산소다'를 이용하면 편리하다. 유리병에 과탄산소다 반숟가락을 넣고 뜨거운 물을 가득 부으면 뜨거운 물과 과탄산소다가 반응하면서 거품이 부글부글 올라오는데, 그 가스가 산소다. 그렇게 부글거리는 병을 하룻밤 그대로 두면, 다음 날 거품은 사라지고 투명한 물만 남는다. 강한 염기성을 띠는 물이니 버리지 말고 세탁에 이용해도 좋다. 유리병을 물로 깨끗이 한 번 더 헹구고 구연산으로 한 번 더 헹군다. 구연산 물로 헹구면 염기 성분이 중화된다.

얼룩진 유리병. 이제는 버리지 말자.

우산 비닐 쓰지 않는 법

비 오는 날 외출을 하다가 실내로 들어가게 되면 종종 쓰게 되는 비닐이 있다. 바로 우산 커버로 쓰는 일회용 우산비닐이다. 환경을 생각해서 안 쓰자니 바닥에 뚝뚝 떨어지는 물 때문에 신경 쓰이고, 쓰자니 위 속에 비닐이 가득 찬 채 죽은 고래가 떠오른다. 대안은 없을까?

비에 젖은 우산 처리법

연간 1억 장의 우산 비닐이 버려졌다.[13] 플라스틱 쓰레기 대란 이후 지하철, 공공기관에서 제공하던 우산 비닐은 사라지고, 다회용 우산 물기 제거기 등이 도입되기 시작했다. 반가운 변화다.

- 우산을 탈탈 턴다. 비가 적게 내렸을 때는 이 방법이 제일 좋다.
- 우산 주머니를 이용한다.(3단 우산인 경우에 해당된다.)
- 방수 천 주머니를 사용한다. 방수 천 주머니가 없다면 망가진 우산 천으로 직접 만들어 보자.
- 빗물 닦기 기계를 활용한다.
- 누군가가 이미 사용하고 버린 비닐봉지를 재사용한다.

제로 웨이스터가
더위를 피하는 법

더운 여름에는 자연스레 시원한 곳을 찾게 된다. 더위에 대처하는 친환경 방법 몇 가지를 소개한다.

손풍기 대신 부채

가만히 있어도 땀이 뚝뚝 떨어지는 여름이 오면 사람들 손에는 손풍기가 하나씩 들려 있다. 기계가 위잉위잉 돌아 바람을 만들어 내는 것이니 더위를 피할 수 있을 만큼의 바람을 일으켜 주기야 하겠지만, 플라스틱으로 만든 데다 전기 에너지를 이용해 동력을 쓰기 때문에 특별히 친환경적이라는 생각은 들지 않는다.

나의 여름 필수품, 대나무 부채

그럴 땐 손풍기 대신 부채를 써 보는 것은 어떨까?

부채에서 만들어지는 바람은 자연 바람과 비슷하다. 바람만 만들어 주는 게 아니라 쫙 펼쳐서 햇빛도 가릴 수 있어 작게나마 양산 역할을 톡톡히 한다.

대나무 선글라스

한여름이면 아침 9시의 햇빛도 따갑다. 양산을 가지고 다니면 자외선을 차단하기 수월하지만, 무게가 있을 뿐더러 손에 들고 다니는 것마저 귀찮을 때도 있다. 이럴 때 가볍고 자외선 차단도 잘되는 대나무 선글라스를 추천한다.

대나무는 이름에 나무가 들어가지만 실은 벼과 식물로 성장이 빨라 살충제를 덜 사용하고, 소재의 특성상 분해가 쉬워 친환경 소재로 널리 사용된다. 기공이 있어 가벼운 것도 특징이다.

선글라스로 태양을 피하는 법

선글라스를 끼기 전에는 부채나 양산으로 눈부심을 막느라 한 손은 자유롭지 못했는데, 선글라스를 착용하고 나니 두 손이 자유롭고 눈부심도 없어서 훨씬 편하다.

나의 경우 화장품, 심지어 자외선 차단제도 바르지 않다 보니 눈부신 햇빛을 볼 때마다 인상을 찌푸릴 수밖에 없었는데, 대나무 선글라스 덕에 미간에 미운 주름을 만들지 않게 된 것도 반가운 일이다.

시원한 물 세안

습도와 온도가 모두 높은 날에는 물로 세안하는 것만큼 시원한 것도 없다. 세안을 하며 팔뚝과 목도 간단하게 닦는다. 흐르는 물기를 손수건으로 닦아 내고 나면 기분도 상쾌하고 더위도 한결 가신다.

양산으로 그늘 만들기

양산의 그늘 효과는 대단히 크다. 양산은 이동식 그늘로 체감 온도를 10도 정도 낮출 수 있고, 자외선 차단 효과도 있다. 겉감은 밝은 색이고 안감은 어두운 색(검은 색) 양산이 더위와 자외선을 막는 데 탁월하다. 소나기를 대비해 우산 겸용 양산을 사용하는 것도 좋은 방법이다.

쿨 맵시

더운 여름에 긴팔을 입어야 할 정도로 냉방을 과하게 작동하는 곳이 참 많다. 순간적으론 시원해서 좋다는 생각이 들기도 하지만, 이는 매우 지속 가능하지 않은 방식으로 더위를 극복하고 있는 것이다. 여름엔 더운 것이 당연하니, 덜 덥도록 옷차림을 바꾸는 것이 지속 가능한 방식이다. 소매통이 넓은 옷, 넉넉하고 시원한 면이나 마 소재 옷, 통기성이 좋은 옷, 맨발로 신는 샌달 등 쿨 맵시를 선택하면 피부 표면 온도를 낮출 수 있다.

화장 편

PRISMACOLOR EBONY

JET BLACK
EXTRA SMOOTH

14420

'없이' 혹은 '대신'

세상에는 화장품을 간단하게 줄이는 화장품 다이어트를 하는 사람들도 많다. 화장하지 않는 자유로움을 느끼고자 하는 제로 웨이스터들에게 몇 가지 생각과 실천을 소개하면 다음과 같다.

면봉 없이 살기

일회용 면봉은 일상에서 워낙 당연하게 쓰이는 물품 중 하나라 '면봉이 생활에 필수적인 물건인가?'라는 의문 자체를 가져 본 적이 없을 가능성이 높다. 그런데 『나는 쓰레기 없이 산다』의 저자 비 존슨의 경우 면봉 없이 산다는 것이 아닌가?[14] 저자는 새끼손가락 하나면 충분하다고 말한다. 인터넷을 좀 더 찾아 보니, 심지어 면봉으로 귀 청소를 하면 안 된다고 한다. 귀지는 먼지와 이물질이 고막에 들어가지 않게 막아 주고 항균과 윤활유 역할까지 하기 때문이다. 시간이 지나면 턱이 움직일 때 오래된 귀지가 귀에서 자연스레 빠져 나온다고 한다. 그러니 면봉으로 굳이 귀지를 꺼내려고 하지 않는 것이 좋다. 귀 청소는 바깥 귀를 청결하게 관리하는 것으로 충분하다.

습관성 면봉 사용
사전 차단법

우리는 샤워나 목욕 후에 자연스레 면봉으로 귀를 닦는 행위를 하는 것이 습관처럼 굳어져 있다. 이러한 습관을 없애기 위해서라도 나는 우리 집 면봉을 눈에 잘 띄지 않는 서랍에 넣어 두었다. 눈에 보이면 자연스레 손이 가게 되니 눈에 바로 보이지 않게 하는 것만으로도 면봉 사용이 확실히 줄어든다.

눈썹 칼 대신 족집게

예전에는 눈썹을 다듬을 때 플라스틱 눈썹 칼을 썼다. 하지만 칼날만 교체할 수 없고 플라스틱과 금속 소재가 혼합되어 있어서 분리 배출할 수도 없었다. 2년 전 플라스틱 미니멀리즘 게임을 하면서 눈썹 정리는 눈썹 칼 대신 족집게와 가위로 변경해서 사용하기 시작했다. 2년간 제법 기술이 늘어서 만족하고 있다.

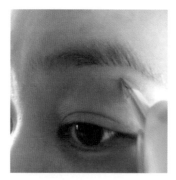

이젠 족집게와 연필만 있으면 눈썹을
기가 막히게 그릴 수 있다.

칼날이 무뎌지면 버려야 하는 눈썹 칼과 달리, 족집게와 눈썹 가위는 영구적으로 사용할 수 있으면서 쓰레기도 만들어 내지 않으니 일석이조다.

섀도 브러시 대신 손 브러시

쓰레기를 만들지 않는 방법을 모색하다 보니 물건을 하나 사더라도 꼼꼼히 따져서 사게 된다. 재질 고민부터, 마음에 드는 디자인에, "정말로 필요한 물건인가?"라는 질문까지 여러 산을 넘어야 물건 하나를 살 수 있다. 그런데 따지는 것도 많고, 생각하는 것도 많은 나에게도 늘 만족스러운 것이 있으니, 그것은 바로 '손'이다. 환경적으로도 걱정 없고, 기능도 우수하고, 짐도 안 되는 훌륭한 도구다. 때로는 빗이 되기도 하고, 때로는 면봉이 되기도 하고, 화장할 때는 브러시 역할도 톡톡히 해 준다.

가끔 색조 화장을 할 때면 아이섀도 스펀지 대신 네 번째 손가락을 이용하여 펴 바른다. 볼 터치나 립스틱을 바를 때도 손가락을 이용할 수 있다. 자유자재로 움직일 수 있고 세탁 걱정을 하지 않아도 되며, 쓰레기도 만들지 않는다.

만능 손을 이용해 화장을 해 보자.

플라스틱+알루미늄 글리터 피하기

화장품을 사용하다 보면 "이것도 플라스틱이었어?" 하고 놀라게 되는 것들이 있다. 각질 제거제와 치약에 사용되던 미세 플라스틱은 이제 금지되었지만, 일명 '반짝이'라고 불리는 펄(글리터)도 플라스틱이라니 새삼 플라스틱 인류라는 게 다시 실감이 된다. 펄의 종류는 다음 세 가지라고 한다.

- 천연 운모(돌가루)
- 알루미늄+PET(플라스틱)
- 합성 운모(붕 규산염+해초)

천연 운모는 자연 소재이기 때문에 플라스틱 걱정은 없지만, 채굴하는 과정에서 착취당하는 아이들이 많다는 사실을 기억해야 한다. 미세 플라스틱이 되는 것으로 알루미늄+PET와 기업에서 대체적으로 사용하는 합성 운모가 있다. 이런 글리터를 제조하는 기업들은 해양 생물에 무해하다고 강조한다. 그런데 글리터와 펄은 화장을 할 때부터 잘 씻겨 나가도록 만들어지기에 물에 흘러 들면서 미세 플라스틱의 문제로 직결된다.

그러므로 글리터나 펄이 있는 제품을 이용할 때는 그 성분을 잘 인지하고 미세 플라스틱을 줄일 수 있는 방법을 선택하는 현명한 태도가 필요하다.

화장품 끝까지 쓰기

화장품의 사용 기한은 화장품 종류마다 다르지만, 보통 개봉 후 6개월에서 1년 정도다. 수분이 없는 파우더, 아이섀도, 블러셔 등 메이크업 제품은 2년 이내에 사용하면 된다. 단, 눈 주위에 사용하는 마스카라와 아이라이너 등은 6개월 이내에 사용해야 한다.

그런데 이런 사용 기한을 지키는 사람이 얼마나 될까? 립스틱 하나를 매일 사용해도 6개월 내에 남김없이 사용하는 것도 쉽지 않은데, 색색별로 느낌별로 다른 립스틱을 여러 개 사용하다 보면 몇 년을 훌쩍 넘기게 된다. 또 계절에 따라 다른 종류의 제품까지 구비하다 보면, 화장대 위를 화장품으로 가득 채우게 된다. 많은 화장품이 그렇게 방치되어 사용 기한을 넘기고, 결국 끝까지 써 보지도 못하고 버려진다.

그렇게 버려지는 화장품을 줄이기 위해서는 먼저 자주 쓰고 내게 잘 맞는 화장품만 남기고 나머지 화장품은 과감하게 줄여야 한다. 새로운 화장품을 구입하기 전에 '화장대 재고 파악'을 하는 것도 중요하다. 계획적인 화장품 소비를 통해 잘 맞는 화장품을 남김 없이 사용하고, 그 공병은 반납하여 포인트를 적립하는 재미를 느껴 보자.

화장품 단식

화장품 단식 상태에 이르기까지 그 과정이 꽤 길었다. 가지고 있던 화장품을 다 쓰고 새 화장품을 사지 않는 방식으로 화장품을 줄였기 때문이다.

2013년부터 화장품을 줄이기로 마음먹고 집에 있던 화장품을 싹 모아 종류별로 목록을 만들었다. 그러고 나서 유통 기한이 얼마 남지 않은 화장품부터 종류별로 순서를 정해 두고 사용했다. 그렇게 가지고 있던 제품을 하나씩 다 소진하고 공병은 버리면서 화장품을 줄여 나가기 시작한 것이다. 화장품을 끝까지 다 쓰고 버리는 쾌감은 무척 컸다.

그런데 화장품 용기는 분리 배출이 어렵게 만들어져 있는 경우가 많다. 금속과 플라스틱, 유리 등 여러 소재가 혼합되어 있고, 스티커도 참 떼기 어렵게 부착되어 있다. 분리 배출과 재활용까지 배려한 화장품 용기가 절실한 시점이다.

화장품 공병 수거

2000년대 초반부터 국내 화장품 시장에서는 '공병수거캠페인'이 활발했다. 환경보호운동이 거세지면서 화장품은 무엇을 할 것인가를 고민하는 과정에서 공병 수거가 제시된 것이다. 소비자가 제품을 사용한 후 공병을 가지고 가면 혜택을 주는 시스템이 유행하기도 했다. 화장품 공병을 가지고 가면 뷰티 포인트를 적립해 주거나, 추가적으로 샘플을 제공하거나, 일정한 수량이 되면 특정 제품을 무료로 제공하는 등 다양한 프로그램을 시행했다. 그렇게 수거된 공병은 물류센터로 배송되어 플라스틱과 유리병으로 나누어 재활용 업체로 배송된 후 파쇄, 세척 후 건축 자재나 스포츠 의류, 화분 등의 원료로 사용된다.

그러나 메이크업 용품, 향수 등은 복합 재질로 재활용이 어려워 공병 수거가 불가능하다.

Part 3

제로 웨이스트하며
먹기

장보기 편

쓰레기 만들지 않고
먹고 살기

제로 웨이스트 장보기를 실천하기 위해서는 나름의 기준을 세우고 장을 보는 것이 좋다. 먹거리의 생산, 유통, 가공 과정이 환경에 끼치는 영향은 매우 크기 때문에 어떤 먹거리를 선택하느냐는 아주 중요한 문제다.
먹거리의 경우 특히 건강과 직결되는 문제이니 조금 더 고심하여 식재료를 구해 보자.

자급자족

텃밭을 가꾸어 작물을 길러 먹으면 포장재 쓰레기와 유통에 드는 자원을 줄일 수 있다. 집에서 자급자족하여 먹으니 푸드마일(food mile, 농산물 등 식료품이 생산자의 손을 떠나 소비자의 식탁에 오르기까지의 이동 거리. 푸드마일이 낮은 식품은 생산자와 소비자의 거리가 가까워서 탄소 배출량이 적다.)은 0이 된다.

여유가 된다면, 작은 텃밭을 만들어 보자. 베란다를 이용하는 것은 도시에서 가장 손쉬운 방법이고, 앞마당이 있다면 더할 나위 없이 좋다. 볕만 잘 이용할 수 있다면 집 안에서 화분을 이용해 기를 수도 있다.

직접 길러 먹는 채소는 농약 걱정을 할 필요가 없다. 게다가 유통 과정도 없다. 집에서 기를 수 있는 채소는 무궁무진하며 건강에도 좋다. 뿌리, 껍질 등(심지어 쉽게 썩는다.)을 제외하면 쓰레기도 발생하지 않는다. 화분에 채소를 키우는 게 부담스럽다면 음지에서 키울 수 있는 콩나물부터 도전해 보는 것도 나쁘지 않다.

도시 농부의 먹는 일상

나의 경우 도시 농부인 엄마 덕분에 제로 웨이스트 장보기를 수월하게 하며 살고 있다. 봄에 파종한 상추 새싹을 솎아 내 비빔밥을 해 먹는 것부터 늙은 호박으로 끓인 호박죽, 겨울 배추까지 사계절 내내 먹을 수 있다. 우리 집에서 요즘 제일 사랑받는 텃밭 식구는 표고버섯이다. 참나무에서 동그랗게 머리를 내밀어 자라는 표고버섯을 지켜보는 것도, 바로 수확하여 들기름에 살짝 구워 먹는 맛도 일품이다.

우리 집 도시 농부의 수확물, 호박씨(왼), 말린 호박(오)

자연에서 온 천연 수세미

직접 수확한 수세미 열매로 만든 천연 수세미

아크릴 실로 만든 수세미에 '친환경'이라는 이름을 붙이는 이유는 세제 없이 수세미만 가지고 설거지를 할 수 있기 때문이다. 하지만 아크릴 같은 합성 섬유로 만든 수세미는 세탁이나 설거지를 할 때마다 아주 작은 플라스틱 섬유 조각이 떨어지면서 물에 흘려보내지고, 그것은 물속의 미세 플라스틱이 된다. 물에서 발견한 미세 플라스틱의 83%가 플라스틱 섬유 조각[15]이라고 하니, 합성 섬유로 만든 수세미를 친환경이라고 부르기는 어렵다.

'타와시'라고 하는 일본식 수세미, 마 끈(헴프 실) 등으로 뜨는 수세미, 천연 소재의 천 수세미 등 다양한 친환경 수세미가 있지만, 그중에서 내가 선택한 것은 바로 '수세미 열매'였다. 2017년 봄에 수세미 모종을 구입해 화분에서 길러 가을에 수확했다. 잘 익은 (껍질이 단단하지 않고 안으로 눌리는 정도) 수세미 껍질을 주물거리며 누르니 껍질이 쏙 벗겨지면서 수세미 속살이 나왔다. 알맹이를 말려 두면 설거지에 쓸 수 있는 수세미가 완성된다.

사용 후기

- 무척 부드러워서 철 수세미와 병용해야 한다.
- 수세미 하나당 한 달에서 한 달 반 정도 사용할 수 있다.

장점

- 세제를 거의 사용하지 않아도 잘 닦을 수 있다.
- 주방 비누만으로도 거품이 잘 난다.
- 수세미 조직에 구멍이 나 있어 물기가 잘 빠지고 쉽게 마른다.

단점

- 섬유가 질겨서 자를 때 조심해야 한다.
- 초기 사용 시 검은 씨앗이 나올 수 있다.
- 물기를 잘 제거하지 않으면 곰팡이가 생길 수 있다.

직거래

도시 농부가 된다고 해도 텃밭에서 얻을 수 있는 채소는 한
정적이다. 쌀, 현미 등의 곡물과 고구마, 감자, 들깨, 고사리
등의 작물, 감, 매실, 포도, 유자 등과 같은 과일은 직거래로
구입할 수 있다. 유통 과정이 없어 농가의 직접적인 수입이
될 뿐 아니라 좀 더 저렴하게 구입할 수 있다는 이점이 있다.
지역에서 유기농, 친환경 농법으로 농사를 짓는 농가의 작
물을 구입하는 것은 자연의 생물 다양성을 지키는 데 도움
이 된다.

다양한 종류를 소량으로 구입하기는 어렵지만, 저장해서
오래 먹을 수 있는 식품은 대용량으로 구입해 두는 것이
여러모로 이득이다.

직거래 농산물로 만드는 간식

초가을이 되면 갓 캐낸 호박고구마를 쪄서 고구마말랭이를 만든다. 고구마말랭이를 만들어 두면 다음 해 여름까지 먹을 수 있는 주전부리가 된다.

김장철이 지나고 나면 매년 고흥에서 유자 10kg을 주문한다. 상자 가득한 유자를 몇 알은 지인에게 나눠 주고, 나머지는 비정제 설탕으로 유자차를 담근다. 유자 씨를 일일이 손으로 빼내고 껍질을 잘게 썰어야 하는 번거로움이 있지만, 그렇게 담근 유자차는 1년 내내 손님을 대접하는 차가 되고, 가족들의 감기약이 되기도 한다.

직거래한 호박고구마와 찹쌀현미

대용량 포장

자주 먹는 식재료라면 소량 포장보다 대용량 포장(벌크 포장)을 구입하는 것이 좋다. 완전한 제로 웨이스트는 아니지만, 소량 구매보다는 확실히 쓰레기를 줄일 수 있다. 집 근처에 식자재 공장이 있다면 직거래를 제안할 수도 있다.

제로 웨이스트 먹거리 장보기의 가장 불편한 점을 꼽는다면 바로 '무게'일 것이다. 제로 웨이스트 장보기를 하려면 일회용 비닐봉지 대신 다회용 주머니, 그릇 등을 들고 가서 식재료를 가져와야 하기 때문이다. 한두 물건이야 그리 어렵지 않지만, 많은 종류의 물건을 사는 것은 쉬운 일이 아니다. 그럴 때는 일명 '캐리카'로 불리는 캐리어를 추천한다. 나도 여태까지 장 본 것을 무겁게 들고 다녔는데, 엄마의 쇼핑 캐리어를 한번 사용해 보았더니 세상 편할 수 없었다.(역시 할머니들이 괜히 끌고 다니시는 게 아니었다.)

1인 가구라면 대용량으로 식재료를 사는 것은 부담일 수 있다. 그럴 땐 친구, 이웃, 지인들과 식재료를 나눠 보자. 콩나물 한 봉지를 사기보다 콩나물 한 박스를 사면 훨씬 저렴하다. 저렴하게 구입한 식재료를 이웃과 나누는 파티를 열 수도 있을 것이다.

가공식품보다 일차식품

가공식품들은 조리하기 편리하지만, 포장되어 있다는 단점이 있다. 간단하게 라면 한 봉지를 끓인다고 해도 라면 봉지, 스프 봉지, 건더기 봉지까지 기본 세 개의 쓰레기가 발생한다.

그러나 밀가루를 구입해서 면을 만들어 먹는다면 쓰레기는 밀가루 봉지 하나만 발생한다. 심지어 밀가루 한 봉지로 최소 다섯 끼는 먹을 수 있다. 물론 면을 만드는 번거로움은 조금 감수해야 한다.

라벨링 프리

유럽에서는 과일과 채소의 표면에 레이저로 상표와 가격 정보를 새기는 '라벨링 프리(Labelling Free)' 캠페인을 벌이고 있다. 네덜란드의 한 기업은 종이로 된 스티커를 없애기 위해 친환경 레이저 바코드 기술을 직접 개발해 유럽연합(EU)의 유기농 인증기관에서 안전성을 인정받았다. 이 레이저 마크는 과일의 표면에 입력된 디자인대로 레이저를 쏴 표면 색소를 제거하는 방식으로, 레이저 빛의 양이 매우 적고 껍질 내부로 깊숙이 침투하지 않기 때문에 식품의 안전성에 문제가 없다.

우리나라 채소와 과일도 이런 친환경 기술의 도입이 시급하다. 소규모 개별 농가는 힘들겠지만, 농협 등 협동조합에서 기계를 도입한다면 불필요한 포장재와 스티커 등이 줄지 않을까? 생산하는 순간부터 쓰레기로 직결되는 스티커와 같은 포장법 말고 '포장하지 않는 포장법'으로 바뀌는 날이 하루 빨리 오기를 바란다.

배달 대신 직접 장보기

제로 웨이스트 실천 지수 🌱🌱🌱

아침에 주문하면 저녁에 도착하고, 일어나자마자 현관문을 열면 물건이 어느새 도착해 있는 바야흐로 로켓 배달의 시대다.

반대로 나는 느리고 귀찮고 불편한 장보기를 선호한다. 눈으로 보고 손으로 만져 고른 먹거리라 믿을 수 있기도 하고, 과하게 소비하는 것도 막을 수 있기 때문이다. 배고플 때 장을 보면 늘 필요한 것보다 많은 양을 사는 경우가 많은데, 그런다고 해도 직접 들고 와야 하기 때문에 어쩔 수 없어서라도 꼭 필요한 것만 구입하게 된다.

편리하게 배달을 받으면 거기에 쓰레기도 덩달아 배달되기에 제로 웨이스터라면 배달보다는 직접 장보기를 시도해 보자. 배달 식품에 딸려 오는 아이스팩, 택배 박스, 스티로폼 박스 등을 처리하는 수고를 덜 수 있다.

소일
小 一
팁

유기농 수입 먹거리 vs 농약 쓴 지역 먹거리

어떤 먹거리가 지구를 건강하게 할까? 답은 명확하다. 농약이나 화학 비료를 쓰지 않고 건강한 방식으로 자란 지역의 먹거리(로컬푸드)다. 답은 참 쉽지만, 그런 먹거리를 찾는 일은 쉽지 않다. 유기농 방식으로 자급자족을 한다면 가능하겠지만, 도시에 사는 많은 이들에게 텃밭은 사치처럼 느껴지기도 한다. 각종 먹거리를 직접 구해서 하루 세끼를 차려 먹을 시간 역시 없다. 결국 생산자로 살지 못하는 우리는 누군가 생산한 먹거리를 구입하는 수밖에 없다. 그런데 여기서 고민이 시작된다.

'토마토 주스'를 예로 들어 보자. '유기농' 토마토 주스를 선택하자니 그 토마토 농축액은 미국산이다. 내가 사는 지역의 토마토로 만들었지만 유기농, 무농약 표시가 없어 구매가 망설여지는 경우도 있다. 어떤 토마토 주스를 선택해야 건강에도 좋고, 지구에도 친환경적인지 결정을 내리기란 쉽지 않다. 따져야 할 것도 너무 많고 머리도 아프다. 이런 고민을 하지 않게 친환경적인 지역 먹거리가 생기기를 바란다면 지나친 욕심인걸까?

제로 웨이스트 장보기

다른 건 없다. 그저 쓰레기 없는 삶을 살고자 할 뿐이다. 물론 처음부터 쉬운 것은 아니었다. 처음 주머니를 쓰기 시작했을 땐 "왜 비닐봉지를 안 쓰냐?"는 질문에 장을 볼 때마다 구구절절 설명해야만 했다. 요즘은 한결 편해져서 비닐봉지만 사양해도 '척하면 착!' 이해해 주신다.

손수건 두 장으로 만든 주머니는 가볍고 휴대하기 좋아서 (손수건으로 써도 되고, 주머니로 써도 된다.) 가방이나 겉옷에 넣어 두고 여러 용도로 활용하고 있다. 자수를 연습하던 손수건으로 손수건 주머니를 만들었더니 보는 분마다 칭찬까지 해 주시는 제로 웨이스트 효자 아이템이 되었다. "이 시대에 제로 웨이스트라니, 너무 높은 목표 아닐까?" 이런 고민을 하던 시절도 있었다. 그러나 내가 할 수 있는 만큼만 즐겁게 하자는 마음으로 실천하다 보니, 점점 만들어 내는 쓰레기가 줄어서 이제는 정말 손에 꼽을 정도가 되었다. 그 묘미가 제법 쏠쏠하다.

장보기 실천 팁

장을 볼 때 비닐봉지, 포장재 쓰레기를 만들지 않으려면 준비물이 필요하다.

장바구니

일회용 비닐봉지 사용을 줄일 수 있는 다회용 장바구니는 다양한 디자인과 기능이 있으니 마음에 드는 제품으로 골라 사용하면 된다. 가볍고 접어 보관하기 좋으면 활용도가 높다.

주머니

프로듀스 백이라 불리는 주머니는 제로 웨이스트 장보기에 적절하다. 물기가 적은 빵, 채소, 곡물 등을 비닐봉지 대신 주머니에 담으면 된다.

손수건

대개 면 소재로, 그 짜임새에 따라(60수, 150수, 200수) 느낌이 다르다.(숫자가 커질수록 부드럽지만 내구성이 떨어진다.) 용도에 따라 크기, 디자인 등을 선택할 수 있다.

보자기

손수건보다는 크기가 좀 더 크고, 소재의 종류도 더 다양하다. 매트, 장바구니, 가방, 선물 포장재 등 쓰임새도 많고 묶는 법도 다양하다.

다회용 용기

음식을 담을 수 있는 통을 일컬어 다회용 용기라 한다. 다회용 용기를 사용하면 일회용 접시, 비닐봉지, 일회용 그릇 사용을 줄일 수 있다.

개인 식기

숟가락과 젓가락, 포크 등을 필요에 따라 구비하면 된다. 집에 있는 식기를 가지고 다녀도 좋고, 휴대가 간편한 식기를 구입해도 된다.

텀블러, 컵

일회용 컵 대신 사용한다. 평소 자주 이용하는 카페의 음료 크기를 참고하여 넉넉한 용량의 컵과 텀블러를 준비하는 것이 좋다.

다회용 빨대

빨대 없이 음료를 마시는 것이 좋겠지만, 불가피하게 사용해야 한다면 다회용 빨대를 사용해 보자. 스테인리스, 실리콘, 유리 등 다양한 소재가 있다.

제로 웨이스트 준비물이라고 해서 꼭 정해진 것은 없다. 핵심은 일회용품을 줄일 수 있는 다회용품을 준비하면 된다는 것이다. 다양한 물건이 있으니 필요에 따라 구매하거나 만들어서 사용하면 된다. 여러 번 사용하기 좋게 튼튼하다면 어느 것이든 좋다.

전통 시장 이용하기

포장되지 않은 물건을 좀처럼 찾기 어려운 대형마트와 달리 전통 시장에서는 비교적 쉽게 접할 수 있다. 제로 웨이스트 준비물만 잘 챙겼다면 전통 시장에서 쓰레기 없이 장보기는 어렵지 않다. 나도 전통 시장을 지날 때마다 조금씩 물건을 사서 나르고 있다.

자신감과 용기, 그리고 스피드

제로 웨이스트의 가장 큰 장애물 중 하나를 꼽으라면 그것은 의외로 '빠른 서비스'다. 물건을 계산대에 두자마자 '휘리릭' 일회용 비닐봉지에 포장해 주시기 때문이다. 어버버하는 새, 말 한마디 꺼내 보지 못할 때도 있다. 그래서 무엇보다 스피드가 필요하다. 결제 카운터에 가기 전에 장바구니, 주머니부터 챙기자. 준비물을 미리 챙겨 두면 비닐봉지 대신 사용해 달라는 말을 꺼내기가 훨씬 수월하다.

나를 위한 요리에 익숙해지기

직접 요리를 하는 것은 귀찮고 번거로운 일이지만, 제로 웨이스트를 실천하기에는 더할 나위 없이 좋다. 모든 요리를 섭렵할 필요는 없고 좋아하는 요리법 한두 가지만 알아도 훨씬 수월하다. 여러 번 먹어도 질리지 않고 만들기 간단한 요리라면 더욱 좋다. 나는 그런 의미에서 샐러드와 카레를 즐겨 하는 편이다.

제철 음식 사랑하기

하우스에서 자란 농산물이 많고 수입 농산물도 흔한 시대라 마트에서 계절의 변화를 느끼는 것은 쉽지 않은 일이다. 하지만 자연 그대로의 흐름을 느끼며 제철에 맞는 음식을 먹는 것은 건강에도 좋고, 기후 위기에 대응할 수 있는 방법이기도 하다. 집에서 멀지 않은 농가에서 어떤 농산물이 생산되는지 관심을 가져 보자. 지역 농가에 방문해서 농산물을 구할 수도 있고, 직접 작은 텃밭을 가꾸는 것도 좋은 방법이다.

환경 문제에
지속적인 관심 가지기

환경 문제가 점점 대두되면서 그에 관한 기사가 매일 쏟아져 나온다. 사람마다 관심을 가지는 세부 분야야 다르겠지만, 어떤 환경 문제를 어떻게 해결하고 있는지에 대해서는 관심을 가지는 것이 중요하다. 제로 웨이스트 실천 원칙을 세우는 기초가 되기도 하고, 서명 운동 등을 하며 적극적인 방식으로 실천을 확장시킬 수 있기 때문이다.

환경에 대한 꾸준한 관심은 환경 소양을 기르는 큰 힘이 된다. 나를 생태계의 일부로 생각하는 '에코(eco)'와 달리, 나를 생태계보다 우위에 두는 마음을 '에고(ego)'라고 한다. 환경의 한 부분으로 나를 생각하고, 생태계 곳곳과 내가 이어져 공존한다고 믿는 '에코'의 상태가 비로소 환경 소양을 갖춘 마음이 아닐까 생각한다.

실패해도 괜찮아!

개인 식기를 깜빡 잊고 가지고 오지 않는 경우도 있고, 개인 식기에 담아 달라고 요청했는데 거절당할 수도 있다. 그런 소소한 실패에 좌절하지 말자! 다음에 다시 시도하면 된다. 그뿐이다. 여러 가지 이유로 시행착오를 겪더라도 꾸준히 도전하는 것만으로 충분히 의미가 있다.

국내 제로 웨이스트 숍

제로 웨이스트 개념이 확산되면서 2016년 국내에 첫 번째 제로 웨이스트 숍이 생겼고, 서울을 중심으로 전국으로 점점 확대되고 있다. 포장 없이 물건을 사는 제로 웨이스트 쇼핑 문화가 앞으로 더 많이 확산되었으면 하는 바람이다.

상호명	오픈 시기	주소 및 특징	sns
더피커	2016.1	서울 성동구 왕십리로 115 헤이그라운드 9층	@thepicker
		– 국내 최초 제로 웨이스트 숍 – 지속 가능하고 건강한 소비 문화 회복을 위해 건강한 실천을 공유하는 라이프 스타일 플랫폼 – 생활 전반에서 일회용품 혹은 난분해성 소재 제품을 대체하는 제품을 취급(천연 수세미, 천연 세제 소프넛 등)	
지구숍	2018.10	서울 동작구 성대로1길 16, 1층	@zerowaste_jigu
		– '낭비 없는 소비'를 모토로 제로 웨이스트를 실천할 수 있는 제품 – 제로 웨이스트, 플라스틱 프리, 최소 포장, 유해 화학 성분 프리, 사회적 경제 기업 협력사 등의 기준으로 제품 선별 – 팜오일 프리 주방 비누 출시 예정(동구밭)	

알맹상점	2018.10	서울 마포구 월드컵로 49 2층	@almangmarket
		– 쓰레기를 줄이는 작은 마음, 리필 스테이션 (재사용 용기로 원하는 만큼 구입) – 세탁 주방 세제 리필, 화장품, 샴푸 리필, 쓰레기를 줄일 수 있는 생활용품 등	
천연제작소	2020.5	부산 북구 덕천1길 93, 2층	@natural_factory2015
		– 한 명 한 명의 작은 실천이 모여 큰 결과를 얻는다. – 플라스틱, 비닐 쓰레기 배출하지 않는 다회용 제품, 친환경 제품 – 대나무 칫솔, 소프넛, 올인원 약산성 비누 등	
송포어스	2020.6	서울 강동구 풍성로36길 34, 1층	@song_for_earth
		– 지구를 위해 하나로 흐르는 마음을 작은 골목으로 노래처럼 흘려보내고자 한다. – 수세미, 삼베 등 각종 제로 웨이스트 물품 – 고래실논 쌀, 무농약 앉은뱅이 밀 등 – 액체 세제, 비누, 샴푸바 등 친환경 세제 – 자급자족 생활 기술 워크숍 「지구를 위한 에코지」	
보틀팩토리		서울 서대문구 홍연길 26	@bottle_factory
내일상회		강릉시 용지각길 8번길 3, 1층	@tomorrow.market
더 커먼		대구 중구 국채보상로140길 33	@common.for.green
지구별가게		제주시 월랑북2길 16	@thedayinjeju_sorak

제로 웨이스트 숍이 멀리 있다면?

문득 의문이 든다. 수원에서 활동하는 내가 포장 없는 제품을 사려고 서울까지 지하철을 타고, 버스를 타고, 1시간 넘게 이동해 제로 웨이스트 쇼핑을 하는 게 과연 친환경적인 일일까?

제로 웨이스트 숍이라는 새로운 공간을 경험하고 운영자를 응원하는 목적으로 한두 번은 방문할 수 있겠지만, 매번 필요한 먹거리를 구입하기 위해 먼 거리를 이동하기란 어려운 일이다.

제로 웨이스트를 추진함과 동시에 지역의 먹거리를 먹어 '푸드 마일리지'를 줄일 필요가 있다. 제로 웨이스트 숍이 우리 동네에도 생긴다면 좋겠지만, 그전까지는 전통 시장을 활용하고 직거래를 많이 시도하기로 한다.

소일
小 一
팁

푸드 마일리지 세계 1위인 나라

식품을 생산하고 식탁에 도달하기까지 수송한 거리로 이 식품이 얼마나 멀리서부터 왔는지 가늠할 수 있다. 푸드 마일리지는 식품의 이동거리(㎞)에 식품의 무게(t)를 곱하여 계산한다.

푸드 마일리지가 클수록 교통 정체와 사고, 대기 오염을 유발하며, 온실가스 배출량을 증가시켜 기후 변화에 큰 영향을 준다. 멀리서 이동하는 만큼 오랜 기간 이동해야 하기 때문에 방부제 등 화학 약품도 많이 사용할 수밖에 없다.

우리나라 1인당 평균 푸드 마일리지는 7,085t.㎞/인으로, 무려 세계 1위라는 점을 기억해야 한다.(국립환경과학원, 2010년 기준)[16]

외식 편

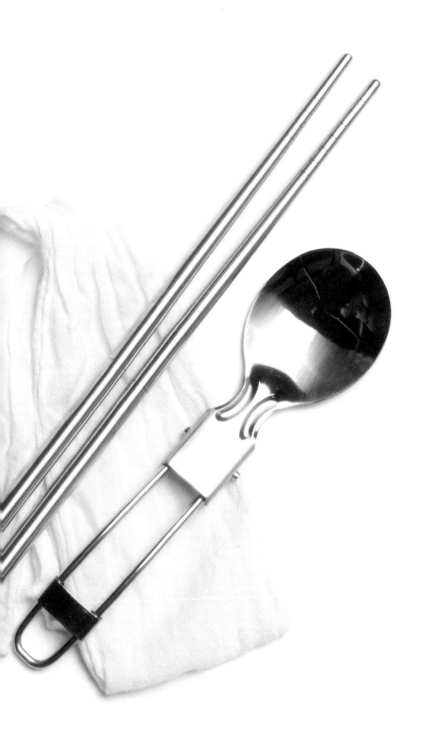

카페에서
제로 웨이스트 실천하기

우리나라에는 골목마다 카페가 있다고 해도 과언이 아닐 만큼 그 수가 많다. 그만큼 카페는 일종의 문화로 자리 잡았다. 커피나 차 한 잔을 마시며 이야기를 나누고, 노트북을 들고 업무나 공부를 하기도 한다. 일상의 또 다른 공간인 카페에서도 제로 웨이스트를 실천해 보자.

커피 제로 웨이스트

매일 커피 한 잔을 마시는 행동이 환경에 끼치는 영향은 얼마나 될까?

많은 사람의 기호 식품인 만큼 커피에는 고려해야 할 사항이 많다. 커피가 어떻게 자라서 어떤 사람이 수확하고 어떤 과정으로 유통되어 지금의 내가 마시게 되는지 살펴보면, 제로 웨이스트뿐 아니라 환경에 대한 확장된 사고가 가능하다.

먼저 커피의 물발자국에 대해 살펴볼 필요가 있다.

커피의 물발자국

아침을 깨우는 모닝커피 한 잔을 만들기 위해 얼마만큼의 물이 필요할까? 한 컵의 물? 아니다. 자그마치 130ℓ의 물이 필요하다. 이것이 바로 모닝커피 한 잔이 남긴 '물발자국(water footprint)' 이다. 물발자국은 원료 채취부터 생산, 수송 및 유통, 사용, 폐기까지 모든 과정에서 얼마만큼의 물이 소비되었는지를 나타내는 지표다. 1㎏의 원두를 생산하기 위해 커피나무를 키우고, 열매를 수확하고, 원두를 볶아 유통하는 데 약 1만 8900ℓ가 필요하다. 1㎏을 기준으로 닭고기의 물발자국은 4,335ℓ, 돼지고기는 5,988ℓ, 소고기는 1만 5415ℓ다. 가공된 쌀의 물발자국은 2,497 ℓ고, 감자의 경우 287ℓ다.[17] 다른 식품보다 훨씬 많은 물을 소비하는 것이 바로 커피다. 그만큼 환경에 끼치는 영향이 막대하다는 점을 기억하자.

커피 한 잔은 아주 값비싸다.

공정 무역 커피 마시기

커피는 국제 무역에서 석유 다음으로 교역량이 많을 정도로 전 세계인의 사랑을 받는다. 하지만 아이러니하게도 커피 원두를 생산하는 농부들은 빈곤에 처해 있다. 커피를 생산하는 농부들의 실질 소득은 증가하지 않고 오히려 농장 유지와 가계 비용만 증가하기 때문이다. 커피로 얻는 이익 중 오직 0.5%만 커피 농부에게 제공된다.[18] 이런 착취형 유통 구조를 개선하고자 하는 것이 바로 '공정 무역'이다. 생산자와 소비자의 직거래를 기본으로 커피의 최저 가격을 보장하고, 생산자와의 장기간 거래 등 국제 무역에서 보다 공평하고 정의로운 관계를 추구하자는 취지를 가진다. '경제적으로 불이익을 받는 생산자들을 위한 기회 창출', '생산 능력 배양', '성 평등', '환경 보호' 등을 기본 원칙으로 세우고 있다.

공정무역 커피는 1988년 네덜란드의 막스 하벨라르 단체에서 처음 시작되었다. 네덜란드가 식민지 인도네시아에서 행한 착취를 고발한 작품 『막스 하벨라르』의 제목을 따온 단체다.

생산자와의 공정한 거래에 동의한다면, 커피 농부들의 삶이 향상되고 지역 경제가 활성화되도록 응원하고 싶다면, 공정무역 커피를 구입하여 이 운동에 참여할 수 있다.

원두 찌꺼기 활용하기

일부 카페에서는 원두 찌꺼기를 손님들이 가져갈 수 있도록 제공해 준다. 원두 찌꺼기와 흙을 1대 9로 섞어 퇴비로 활용할 수도 있고, 주머니에 담아서 방향제로 사용할 수도 있다.

티백 차 마시지 않기

플라스틱 티백 차를 우리면 미세 플라스틱 조각이 116억 개[19]가 나온다. 뜨거운 물에 얇은 플라스틱 망을 넣으면 당연히 미세 플라스틱이 나오겠거니 생각했지만, 그 숫자가 실로 엄청나다.

더구나 티백은 음식물 쓰레기가 아닌 일반 쓰레기다. 티백을 포장한 종이를 새활용해서 메모장으로 만들기도 한다지만, 그렇다고 쳐도 티백은 버려야 한다. 티백을 캔버스로 삼고 그림을 그리는 사람도 있다는데 누구나 그럴 수는 없는 일. 차라리 티백을 마시지 말고 다른 곳에 그림을 그리기를 택하자.

소일
小 一
팁

플라스틱 티백 성분 구별법

1. 소재를 확인한다.

제품 정보를 확인하면 '여과재 재질'이라고 표기돼 있다. 거기에 '펄프'라고 쓰여 있으면 우선 종이라는 뜻이다.(종이여도 플라스틱이 포함되어 있을 수 있다.) 나일론, 폴리에틸렌 테레프탈레이트, 수지(PET) 등이 적혀 있다면 플라스틱 티백이라는 뜻이다.

2. '생분해가 가능하다'라고 적혀 있다면?

'Biodegradable(생분해 가능한)'이라는 단어가 적혀 있다면 생분해가 가능한 플라스틱 여과재라는 말이다. 플라스틱이 아닌 생분해성 플라스틱이 많아졌다고는 하지만 전체 플라스틱 생산량의 1%도 되지 않는 양이다. 그리고 실제로 환경 오염을 일으키지 않는 '친환경 소재'인 생분해성 플라스틱 기술은 아직 완전하지 못하다. 매립해야 생분해 플라스틱이 분해가 될 텐데, 우리 지역만 해도 일반 쓰레기는 거의 100% 소각하고 있다. 한정된 매립지를 생각했을 때, 생분해 플라스틱 사용을 줄이는 것이 좋다.

3. 티백의 모양으로 판단한다.

가장 쉬운 구별법인데, 실이 없는 밀봉형, 즉 피라미드 티백인 경우 플라스틱이라고 보면 된다. 우리가 흔히 보는 전통적인 티백 모양은 티백 속의 잎차가 나오지 않도록 봉투를 접어서 실로 고정한 경우가 많다. 티백 펄프에 접착제를 발라 두어도 뜨거운 물 속에 들어가면 접착제가 녹을 수 있기에 접어서 고정하는 것이다. 그런데 플라스틱 소재는 열을 가하면 접착제 없이도 밀봉할 수 있다. 그러니 압착되어 밀봉된 티백은 곧 플라스틱이라는 뜻이다.

4. 펄프로 된 티백에는 플라스틱이 없을까?

안타깝게도 그렇지 않다. 종이로만 여과재를 만드는 경우보다 플라스틱을 섞어서 만드는 경우가 많은 게 사실이다.

잎차 포장

그렇다면 우리는 어떻게 차를 마셔야 할까?

티백 대신 잎차를 우려 마시는 방법이 있다. 하지만 집 밖에서는 좀 번거롭다. 텀블러에 찻잎을 넣어 다니는 것도 한 방법이지만, 외출 시간이 길어지면 한 가지 종류밖에 마시지 못한다는 아쉬움도 생긴다.

천 티백을 만들까 싶기도 하지만 차 한 잔 마시자고 그런 수고를 할 수는 없다. 편리하면서 쓰레기를 만들지 않고 잎차를 포장하는 방법으로는 무엇이 있을까?

보이차 포장 손수건 접는 법

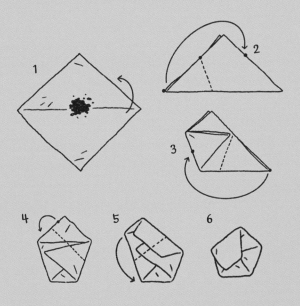

차를 넣고 약봉지 접듯이 손수건을 접어 보자. 외출하기 전에 마실 만큼의 보이차를 손수건에 두고 접으면 된다. 보이차 말고 다른 어떤 종류의 차도 마찬가지다. 정수기는 요즘 웬만한 곳에 다 있어서 잎차와 컵만 있다면 어디에서든 일회용 플라스틱 티백 없이 차를 즐길 수 있다. 거름망까지 소지하기 힘드니 살살 불어 마셔야 하지만, 차를 마시는 데 아주 불편하거나 거슬리는 정도는 아니다.

일회용 빨대 없이 살기

음료를 주문할 때 가장 먼저 말하자.

"빨대는 안 주셔도 됩니다."

빨대가 없어도 음료를 마시는 데 큰 불편함이 없는데도 빨대로 마시는 것은 일종의 '습관'이다. 일회용 플라스틱 빨대를 쓰는 일은, 5분 사용하자고 지구에 500년 갈 부담을 남기는 일이다.

반대로, 조금 유난스러워 보이고 조금 귀찮기는 하지만 "빨대는 빼 주세요."라고 말한다면 빨대 한 개만큼 지구는 500년 동안 덜 괴로울 수 있다.

이제는 없애자,
코리안 매너

외국인의 한국살이를 관찰하는 텔레비전 프로그램에서였다. 식당에 들어간 외국인이 자리에 앉자마자 식탁 위에 있던 휴지 한 장 뽑아 바닥에 깔고는 수저를 올리는 것이 아닌가? 그러자 그 모습을 지켜보던 패널들이 '코리안 매너'를 익혔다며 앞다투어 칭찬을 했다.

언제부터 수저 밑에 일회용 휴지 한 장을 까는 것이 코리안 매너가 되었을까?

그것뿐만이 아니다. 다 먹지도 못할 만큼 넉넉하게 차려 주는 상차림, 요청하지도 않은 과도한 서비스 등 환경 보호에 역행하는 문화는 이제 없어질 때도 되지 않았나 싶다.

휴지 깔고 수저 놓기

여러 사람과 식사를 하면 인원수만큼 컵에 물을 따르고 수저를 놓는다. 그러면서 수저 밑에 휴지 깔아 주는 경우가 있다. 그럴 때면 나는 사양을 하거나 휴지를 다시 돌려놓는다. 위생상 휴지를 까는 것이 깨끗하다고 생각하는 모양인데, 사실상 나로서는 공감하기 어렵다. 식탁이 더럽다면 수저를 들고 있다가 밥그릇이나 개인 접시 위에 올리는 편이 낫지 않을까?

부지불식간에 생기는 쓰레기를 사회의 노력과 변화로 최소한으로 하는 것이야말로 쓰레기 없는 제로 웨이스트 사회를 만들기 위한 첫걸음이 아닐까?

쟁반에 종이를 까는 문화

테이블 매트 대신 종이를 깔아 주는 식당이 있다. 테이블에 숟가락과 젓가락을 두는 것을 비위생적이라고 생각해서든, 테이블 청소의 용이함을 위해서든, 플레이팅의 한 요소라고 생각해서든, 나름의 이유가 있을 것이라 생각한다. 그러나 식사를 하고 나면 곧바로 쓰레기가 되어 버리는 것은 명료한 사실이다. 웬만한 패스트푸드점에서도 이미 다 포장이 된 음식을 주면서 쟁반에 또 종이를 깔아 준다. 플라스틱이 아닌 종이 또한 환경에 끼치는 영향이 크기에 일회용으로 사용하는 종이도 필요한 사람만 제공하기를 바란다.

먹지 않는 음식 거절하기

식당에 가면 반찬이 4~5가지는 기본으로 나온다. 한식당에 가면 10첩 반상도 흔하다. 그중 한두 반찬은 식탁 위에 전시되었다가 음식물 쓰레기통으로 직행한다. 그와 동시에 반찬을 만드는 식재료, 음식을 만드는 정성, 조리에 드는 에너지도 같이 버려진다.

반찬을 받을 때 먹지 않는 것은 즉시 사양하자. 그리고 남김없이 맛있게 먹자. 직접 반찬을 덜어 올 수 있는 식당이라면 먹을 만큼만 조금씩 가져오자. 좀 적다 싶은 정도가 딱 좋다.

덜 친절한 것이 더 친절한 것

'무조건' 많은 물건을 제공하는 것이 과연 친절한 서비스일까? 소비자의 필요와 욕구를 파악하여 만족시키는 서비스가 진정 친절한 서비스는 아닐까? 많으면 많을수록 무엇이든 좋다고 말하던 다다익선의 시대는 이제 지나갔다.

2021년부터 무상으로 일회용품을 서비스로 제공하는 것이 금지되는 법이 발효되는 것을 보면, 사회가 생각하는 서비스의 방식 또한 변하고 있다는 점을 알 수 있다. 이제 우리의 마인드도 변해야 한다.

일회용품 사용 규제

2021~2022년부터 달라지는 것들

종이컵 사용 금지

2021년부터는 식품업소 내에서 플라스틱 컵뿐만 아니라 종이컵 사용도 금지된다.

아울러 테이크아웃 잔의 재활용을 위해 소비자가 일회용 컵에 음료를 구매할 때 일정 금액의 컵 보증금을 낸 후 반환할 때 보증금을 돌려주는 '컵 보증금 제도'도 추진된다.

비닐봉지 사용 금지

현재는 3,000㎡ 이상 대규모 점포나 165㎡ 이상의 슈퍼마켓 등 백화점, 쇼핑몰에서만 비닐봉지 사용을 금지하고 있다. 하지만 2022년부터는 편의점과 같은 종합 소매점, 제과점 등에서도 비닐봉지 사용이 금지된다. 2030년까지 비닐봉지 사용금지 업종을 전 업종으로 확대할 예정이다.

플라스틱 빨대 사용 금지

2022년부터 커피숍, 식당 등에서 플라스틱 빨대 또는 젓는 막대 등의 사용이 금지된다. 단, 종이로 된 빨대나 나무로 된 막대 등의 사용은 허용된다.

일회용 식기류 (무상) 제공 금지

포장이나 배달 음식에 제공되던 일회용 숟가락이나 젓가락 등의 식기류도 2021년부터는 제공이 금지된다. 불가피하게 꼭 일회용 식기류를 사용해야 하는 경우라면 유상으로 제공할 수 있다.

일회용 위생용품(어매니티) 무상 제공 금지

2024년부터 모든 숙박업소에서 샴푸, 린스, 칫솔 등 일회용 위생용품 무상 제공이 금지된다. 2022년부터는 50인실 이상의 숙박업소에 적용되며, 2024년부터는 모든 숙박업소에서 일회용 위생용품 무상 제공이 금지된다.

택배 상자 재사용

2022년까지 당일 배송으로 위생상 문제가 발생하지 않을 것으로 판단되는 택배 상품, 정기적으로 같은 곳에 배송하는 택배 상품의 경우 스티로폼 상자 대신 재사용이 가능한 상자를 이용해야 하고, 이후 상자를 회수하여 재사용할 수 있게 추진한다.

이중 포장 금지

현재 제과, 화장품 등 23개 품목에 적용되고 있는 제품의 포장 기준에 대해 이미 포장되어 있는 제품을 이중으로 포장(1+1, 묶음 상품)해서 상품을 판매하는 행위가 2022년부터 금지될 예정이다.

먹거리 편

제로 웨이스터의 생일 파티

제로 웨이스트를 실천하다 보면 이벤트 자체를 기피하게 된다. 짧은 순간을 기념하기 위해 너무 많은 쓰레기가 발생하기 때문이다. 짧고 화려한 순간을 채우기 위해 사용되고 버려지는 쓰레기들… 이런 쓰레기를 만들지 않고 즐거운 이벤트를 할 수는 없을까?

파티는 내가 할게, 쓰레기는 누가 치울래?

누군가가 이 세상에 태어난 날은 무척 기쁜 날이다. 그래서 우리는 선물을 주고 파티를 연다. 생일(결혼기념일, 크리스마스, 석가탄신일, 새해 등의 모든 기념일)을 기억하고 기념하느라 엄청난 쓰레기를 만드는 우리, 이대로 괜찮을까? 하루, 아니 몇 시간을 위해 몇 백 년 동안 남아 있을 쓰레기를 만드는 것은 아닌지 고민해 볼 필요가 있다. 풍선을 띄워 '버리고', 촛불에 한 번 불을 붙여 불어 '버리고', 선물 포장으로 찢어 '버리는' 것들에 대해 생각해 보자. 좋은 날을 기념하면서도 쓰레기를 최소한으로 만드는 방법은 의외로 그리 어렵지 않다.

쓰레기 없는 기념일

가족 파티가 있을 때면 대개 남동생이 케이크를 사 온다.

"초는 받아 오지 마. 집에 칼도 많은데 플라스틱 칼도 받지 마."

케이크 주문 때마다 빼놓지 않고 잔소리를 했더랬다. 그렇게 반복하길 몇 차례, 어느새 강제적으로 일회용품을 피하기 시작하더니 이번 아빠 생신에는 별다른 주문을 덧붙이지 않았는데도 케이크를 쓱 내밀면서 말한다.

"초는 안 줘도 된다고 했고, 플라스틱 칼도 안 줘도 된다고 했어. 폭죽도."

가게 사장님은 그러면 어떻게 먹을 거냐고 물었고 동생은 이렇게 대답했다고 한다.

"집에 일회용품 싫어하는 사람이 있어서요."

일회용품 싫어하는 사람, 그게 나라고? 이제껏 일회용품을 딱히 싫어한다고 생각하지는 않았는데, 남동생에게는 '일회용품 싫어하는 누나'로 완전히 인식이 박혔나 보다. 어쩐지, 배달 음식을 시켜 먹어도 꼭 일회용 나무젓가락은 빼 달라고 하더라니….

제로 웨이스트 실천을 옆에서 지켜본 지 5년 차, 이제 습관이 되었다 할까, 세뇌라 할까? 남동생의 강제적인 실천이 나로서는 기껍기만 하다. 남동생의 실천으로, 버리는 쓰레기를 최소로 하는 기념일 챙기기 대성공이다!

비닐봉지 없는 케이크 보관법

케이크 한 판을 8조각으로 자르면, 사람 수가 많거나 케이크 킬러가 있지 않는 이상 꼭 남기 마련이다. 예전에는 그냥 일회용 비닐봉지를 사용해 남은 케이크를 담았었는데, 이제는 아니다. 밀폐 용기에 케이크를 두고 두껑을 덮어 보관한다. 냉장이나 냉동 보관했다가 먹고 싶을 때 꺼내 먹으면 되고 비닐봉지 쓰레기도 생기지 않는다.

비닐봉지 덜 쓰기,
사소한 실천인데 의외로 지키기 어렵다.

포장 없이 주는 선물

나는 포장 없는 선물을 즐겨 하는 편이다. 미니멀라이프를 추구하다 보니, 선물은 기념품보다 가치관이 담긴 소모품을 주는 것을 좋아한다.

이를 테면, 천연 수세미에 말린 천일홍을 꽂아서 주거나, 천연 돈모 우드 솔을 청소용으로 사용하도록 선물하거나, (술을 먹지 않기에) 선물로 들어온 양주, 와인을 보자기로 포장해서 준다. 즐겁게 사용하거나 가볍게 처분할 수 있는 선물을 주는 것이 편하다. 직접 만든 음식을 선물하는 것도 괜찮다. 수세미 씨앗, 허브 씨앗을 선물했을 때도 반응이 좋았다. 제로 웨이스트에 관심이 많은 사람이라면 제로 웨이스트 키트를 선물하는 것도 한 방법이다. 손수건, 개인 식기, 텀블러, 주머니 등 디자인이 단순하고 기능이 많으면 사용하기 더욱 좋다. 더 이상 보거나 읽지 않는 책을 바꿔 읽는 것도 재미있는 일이다.

흰 수건이 포장지 역할을 톡톡히 한다.

小一
소일
팁

제로 웨이스터를 위한 추천 도서

- 『무소유』, 법정, 범우사, 1976,
- 『단순한 삶』, 필립 라일, 김도연 역, 한권, 2009
- 『노 임팩트 맨』, 콜린 베번, 이은선 역, 북하우스, 2010
- 『나는 쓰레기 없이 살기로 했다』, 비 존슨, 박미영 역, 청림Life, 2019
- 『단순하게 살기』, 짐 머켈, 홍대운 역, 황소자리, 2005
- 『내가 먹는 것이 바로 나』, 허남혁, 책세상, 2008
- 『나의 지구를 살려줘!』, 도미닉 머렌, 이재영 역, 그린북, 2010
- 『물건 이야기』, 애니 레너드, 김승진 역, 김영사, 2011
- 『죽기 아니면 친환경 뷰티』, 사라 콜라드, 이재영 역, 홍시, 2011
- 『죽기 아니면 친환경 헬스』, 사라 콜라드, 이재영 역, 홍시, 2011
- 『죽기 아니면 친환경 쇼핑』, 다이앤 밀리스, 이재영 역, 홍시, 2011
- 『화장품이 피부를 망친다』, 우츠기 류이치, 윤지나 역, 청림Life, 2013
- 『이만하면 충분하다』, 로버츠 디에츠, 대니얼 오닐, 한동희 역, 새잎, 2013
- 『물로만 머리 감기 놀라운 기적』, 우츠기 류이치, 홍주영 역, 끌레마, 2014
- 『단맛의 저주』, 로버트 러스티그, 이지연 역, 한국경제신문사, 2014
- 『멋진 지구인이 될 거야』, 박현미(매옹이), 그리다숲, 2020
- 『그건 쓰레기가 아니라고요』, 홍수열, 슬로비, 2020

가공식품 대신
자연식품

'음식이 곧 그 사람'이라는 말이 있다. 나의 경우 화장품도, 샴푸도 없이 살다 보니 어떤 음식을 먹었느냐에 따라 몸이 더 민감하게 반응한다. 다른 영향을 끼칠 만한 요소가 줄어서 음식이 나에게 어떤 영향을 끼치는지 명확하게 알게 된 것이다. 그러나 보니 가공식품보다 자연식품 위주의 건강한 식습관을 유지하게 되었다.

편리함 대신 귀찮은 건강함을

건강한 식습관을 유지한다고 해서 먹는 즐거움을 포기하는 것은 아니다. 가공식품을 먹을 때 식품 첨가물이 적게 함유된 것을 먹으려고 하고, 주전부리는 가공식품 대신 천연식품을 선택한다.

자극적인 맛보다 자연의 맛을 고르는 일은 생각보다 어렵다. 이미 우리 입맛이 자극에 길들여 있기 때문이다. 자극적인 맛을 즐기다 보면 더 자극적인 맛을 추구하게 되지만, 천연의 맛을 즐기다 보면 재료 본연의 맛을 누릴 수 있다. 가장 인위적이지 않은 식습관, 그것이 내가 추구하는 미니멀라이프의 식습관이다. 편리함 대신 귀찮은 건강함을 얻자. 한 번에 모든 것을 다 가질 수는 없으니까.

기후 위기를 해결하는 채식

『플랜 드로다운』에 따르면, 온실가스를 감축하는 데 중요하고 강력한 솔루션 중 하나가 바로 채식 위주의 식단을 하는 것이라고 한다. 매년 배출되는 온실가스의 50%는 직간접적으로 육식과 관련이 있다.[20]

채식 위주의 식단을 실천하기 어렵고, 동물성 식품을 너무 좋아한다면 '육류 없는 월요일(Meat Free Monday)'을 시도해도 좋다. 월요일에만 고기 먹지 않는 실천만으로도 원래 배출하던 온실가스 양의 7분의 1을 감축할 수 있다. 기후 위기에 대응하기 위해 일주일간 채식을 도전하는 캠페인도 있으니, 혼자 도전하기 부담스럽다면 여럿이서 함께 도전해 보는 것도 좋은 방법이다.

비건이 어렵다면
'비덩'을 하자

모든 동물성 식품을 배제하는 완전 채식인 비건은 한국에서 실천하기가 매우 어렵다. 젓갈 양념이 들어간 김치를 이용한 음식이 흔하고, 동물성 재료로 육수를 우려내어 요리하다 보니 먹을 수 있는 반찬이 거의 없기 때문이다.

그런데 이렇게 지속하기 어려운 비건 말고, 한국에 맞는 새로운 채식 기준이 생겼다. 바로 '비덩'으로, 비(非)육식 덩어리의 식사를 하는 것을 채식으로 인정하는 방식이다. 여러 목적으로 비건에 관심은 많지만 실천하기 어려워 고민이 많았다면 비덩을 시도해보는 것도 한 방법이 될 것이다.

탄수화물이 당길 땐
통밀 반죽

세상에 넘치고 넘치는 게 가공식품인데, 그 유혹을 멀리하고 자연식품만 먹기란 쉽지 않은 일이다. 거기다 바쁜 일상에서 간단하게 조리할 수 있는 인스턴트 음식의 편리함을 무시하기도 어렵다. 매끼 요리를 해서 먹을 수 없기에 간단하면서 건강한 한 끼를 먹는 방법을 고안하게 된다. 라면 하나 끓이는 정도로 간단하게 요리하면서도 건강하게 먹는 법은 없을까?

그중에는 직접 밀가루 요리를 해서 먹는 방법이 있다. 반죽을 미리 하여 냉장고에 숙성시켜 두면 한 3~4일까지 두고두고 꺼내 먹을 수 있다.

수제비를 해도 되고, 밀대로 펴서 칼국수를 만들어도 된다. 스프 대신 열무김치, 고추장, 간장, 들기름 등 집에 있는 양념을 이용하면 간단하게 한 끼를 먹을 수 있다. 냉장 숙성된 것이라 반죽이 쫄깃하다.

반죽은 랩을 씌우지 말고, 밀폐 용기에 담아 냉장 보관하면 쓰레기를 줄일 수 있다. 냉장고 속에 반죽이 있으면 언제든 간단하게 요리를 해 먹을 수 있다는 생각에 마음이 든든해지기까지 한다.

통밀 반죽 만드는 법

반죽을 할 때에는 이렇게 조금 넣어도 되나 싶게 적은 양의 물을 더해 만들면 실패가 적다. 밀가루와 물의 비율을 6:1 정도로 생각하면 된다. 나는 소금으로 간하고, 올리브유(식용유) 1작은술을 넣은 후 물을 조금씩 넣어 반죽한다. 반죽으로는 칼국수와 수제비를 해 먹을 수 있고, 넓고 얇게 펴서 만두를 빚을 수도 있으며, 가래떡처럼 길게 빚어 뇨끼를 만들어도 된다.

편의점에서 흔히 구할 수 있는 가공식품만큼 요리 과정이 간단하지는 않지만, 그 대신 건강한 한 끼를 보장한다. 속이 쓰린 일도 거의 없다. 게다가 직접 만들어 먹으니 봉지 쓰레기도 만들지 않는다.

건강과 환경을 동시에 지키니 일석이조인 셈이다.

냉'창'고를 부탁해?

냉장실, 냉동실에는 먹을거리가 가득 들어 있지만, 자세히 살펴보면 이상하게도 '먹을 만한' 것은 없다. 음식을 상하지 않게 보관하기 위한 냉장고를 우리는 '창고'로 쓰고 있는 것은 아닐까?

냉장고에 어떤 먹을거리가 있는지 냉장고를 보지 않고 한 번 적어 보자. 그리고 냉장고 속에 있는 먹을거리와 비교해 보자. 환경을 보호하고 에너지와 식비를 절약하는 일은 냉장고 속 음식 자원을 효율적으로 사용하는 것으로부터 시작된다.

냉장고 본 기능 되찾기

단순한 삶을 추구하는 데 있어 먹거리 또한 중요한 요소 중 하나다. 그러므로 냉장고가 냉'창'고나 전기 먹는 음식물 쓰레기통이 아닌 식품의 신선함을 유지해 주는 본래 기능을 되찾는 것이 중요하다. 그 첫걸음이 바로 냉장고 청소, 즉 정리다.

냉장고 청소

1. 유통 기한 지난 음식물 쓰레기 치우기
2. '냉장고 파먹기'가 가능하도록 재고 상태 파악하기
3. 내부에 쌓인 더러운 먼지 닦기

냉장고 문을 청소하기 시작하면서 왜 이렇게 많은 케첩이 냉장고에 버려져 있나 고민했다. 햄버거, 피자, 치킨, 중국음식 등 배달음식을 시키면 따라오는 일회용 소스, 피클 등은 왜 모아 놨을까? 먹지 않는 것은 아예 주문할 때부터 빼 달라고 하기로 결심해 본다.

눈길과 손길이 잘 안 닿는 곳엔 면포 4개, 5년 전부터 그 자리에 있던 약, 마스크팩 12개, 버터, 소면 2봉지, 월계수잎, 말린 생강, 칡뿌리가 화석처럼 보관되어 있다. 냉장 보관할 필요가 없는 소면, 향신료, 면포를 정리하자 냉장고 칸이 휑할 정도로 여유가 생겼다. 마스크팩은 지인들에게 나눠 줬다.

각종 소스 중에는 유통 기한이 지난 마요네즈도 있다. 냉장고에 보관한다고 유통 기한과 소비 기한이 무한대로 늘어나는 것은 아니다. 냉장고에 있어도 음식은 상한다.

채소 칸은 각종 국물 내기용 재료와 카레가루, 짜장가루가 뒤섞인 카오스 상태로 바뀌어 있다. 한곳에 여러 가지 재료를 모아 넣

으니 아무리 해도 깔끔하게 정리하지 못할 것 같아 영양제 구분 종이를 재활용했다.

지저분했던 칸은 국물용 멸치, 견과류, 채소를 나눠 담았다. 국물용 재료들은 앞으로 1년 동안 먹지 않고 남아 있으면 쓰레기로 버리려고 1년 뒤 날짜를 소비기한으로 적어 두었다. 이렇게 냉장고 문과 서랍을 모두 정리했다. 서랍과 문의 수납 공간은 하나씩 닦고 햇볕에 말려 소독했다.

비닐봉지 없는 냉장고

비닐봉지는 가볍고 내구성이 강하고 싸다. 그리고 500년 동안 썩지 않는다. 그래서 역사상 만들어진 모든 비닐봉지가 분해되지 않고 지구상에 그대로 남아 있다. 이 획기적이고 편리한 비닐봉지를 우리는 대부분 한 번만 쓴다. 그야말로 일회용으로 쓰고 있다.

플라스틱 오염이 심각해지면서 일회용 비닐봉지를 금지하자는 운동이 전 세계적으로 확산되고 있다. 우리나라도 2030년에는 일회용 비닐봉지를 전면 금지한다고 한다. 그 전에 비닐봉지 절제를 위한 준비가 필요하지 않을까?

비닐봉지 없이 살아가기

- 장바구니 챙기기
- 물건 담을 주머니 혹은 용기 챙기기
- 우산 비닐 대신 손수건으로 물기 닦기
- 보자기로 포장하여 물건 보관하기
- 음식 밀봉용 집게 사용하기
- 한 번 사용한 비닐 여러 번 재사용하기

음식물 쓰레기 없이 사는 법

일본 예능 중에 환경, 자급자족 등을 주제로 여러 프로젝트를 진행하는 프로그램이 있다. 그중에 '0엔 식당'이라는 코너가 있는데, 먹지 못하고 버리는 식재료를 공짜로 받아서 요리를 하는 것이다. 생산 과정에서 생기는 불량품이어도 맛있게 요리할 수 있다는 것을 보여 주는 것이 이 프로그램의 취지다.

'음식물 쓰레기 줄이기(www.zero-foodwaste.or.kr)'라는 홈페이지에서는 음식물 쓰레기를 줄이는 101가지 실천 방법과 그린 레시피 등 다양한 정보를 제공한다. 음식물 쓰레기도 적고 건강한 식사를 가능하게 하는 '매크로바이오틱' 요리법을 소개하기도 한다.

미니멀한 식습관을 한다고 하면서 음식물 쓰레기는 잔뜩 배출하는 것은 제로 웨이스터가 추구하는 삶의 방향성이라고 볼 수 없다. 환경에 긍정적 영향을 끼치기 위해 음식물 쓰레기를 줄이는 데 신경을 써 보자.

소스 없이 살기

냉장고를 정리하다 보면 종종 유통 기한이 지나 있어 집이 되는 것들이 있다. 바로 소스다.

텔레비전이나 유튜브에서 소개하는 조리법을 보면, 이 소스 한 숟갈, 저 소스 한 숟갈을 넣으라고 한다. 필요한 소스의 종류는 많지만 하나라도 빠지면 뭔가 이상할 것 같아서 새로 쟁여 놨다가 유통 기한이 한참 지나 처분되는 경우가 다반사다. 또 이국적인 요리를 도전하면 그에 맞는 이국적인 소스가 필요한데, 그 역시 한두 번 사용하고 다른 사용법을 몰라 버리게 되는 경우도 많다. 끝까지 먹는 일도 거의 없는 데다 냉장고 공간만 차지하는 소스는 이제 과감하게 비워 보자. 자주 먹는 양념은 남겨 두고 손이 가지 않는 소스만 비워도 냉장고를 훨씬 넓게 쓸 수 있다.

과일은 껍질째

사과

사과는 보통 세로로 잘라서 먹는 경우가 많은데, 가로로 잘라서 먹으면 버리는 부분을 최소화할 수 있다. 껍질의 표면적이 적다 보니 훨씬 편하게 껍질째 먹을 수 있다는 이점도 있다.

참외

사과를 껍질째 먹는 일에 익숙해졌다면, 이제 다른 과일도 가능하지 않을까? 그땐 참외다. 사과 껍질보다 좀 질기긴 하지만 먹지 못할 정도는 아니다. 쓴맛이 나는 꼭지만 조금 잘라 버리면 된다. 과일을 먹을 때는 잔류 농약이 없도록 깨끗하게 씻어 먹는 것이 중요하고, 여유가 된다면 무농약이나 유기농 과일을 선택하는 것이 좋다.

포도

탕수육을 먹는 데 '부먹(소스에 부어서 먹는 사람)'과 '찍먹(소스에 찍어서 먹는 사람)'이 있는 것처럼 포도 역시 꼭꼭 씹어서 씨와 껍질을 통째로 먹는 사람이 있고, 씨앗과 껍질을 다 뱉어 내는 사람이 있다. 포도 껍질을 먹으면 밤눈도 밝아진다고 하고 포도의 영양소가 껍질과 씨에 있다고도 하니 포도를 껍질째 먹기를 시도해 보자.

귤

귤의 경우 귤 껍질을 활용한다 해도 진피(귤 껍질) 차 정도가 전부다. 안타깝게도 귤은 농약을 많이 사용하는 과일이다. 그러니 무농약, 유기농 귤에 한해서는 씻어서 껍질째 먹어도 된다. 물론 다른 과일에 비해 난이도 상에 해당하므로 모두가 할 수 있는 것은 아니다.

남은 음식 포장하기

여럿이 함께 식당을 가면 음식을 '넉넉하게' 주문하는 경우가 많다. 그럴 때면 남은 음식을 버려 두고 나오게 된다. 환경부에 의하면, 우리나라에서 그렇게 버려지는 음식물이 평균적으로 전체 음식의 7분의 1[21]이나 된다고 한다. 음식을 만드느라 자원이 들고, 또 버려진 음식물 쓰레기를 처리하는 데 자원이 든다. 아무리 생각해도 음식을 남기는 것은 참 아깝고, 안타까운 일이다.

알맞게 음식을 주문하면 쓰레기는 줄고 돈은 절약할 수 있다. 또 음식물 쓰레기를 줄이기 위해서 손님으로서 할 수 있는 일들이 있다. 먹지 않을 반찬은 미리 반납하고, 여럿이 먹을 때는 개인 접시를 이용하는 것. 그리고 먹지 않는 후식도 미리 사양하자. 그래도 음식이 남았다면 포장해서 가져가자.

식당에 있는 일회용 용기에 포장을 부탁해도 되지만, 기왕이면 용기를 가져가서 남는 음식을 싸 오는 것도 좋은 방법이다.

환경부에서는 음식물 쓰레기 줄이기 캠페인을 진행하고 있다. 바로 인스타그램(@zero.foodwaste)에서 시행 중인 '비워서남주자캠페인'이다. 빈 그릇 사진을 한 장 인증하면 500원이 결식 아동에게 지원된다.

음식물 쓰레기를 줄이는 조리법

잘 먹고 잘 산다는 건 무엇을 의미하는 것일까? 제로 웨이스트적인 관점에서 보자면, 가능하면 지역의 식재료와 국내산 재료를 사용하는 것이 좋다. 유기농을 고르거나, 직접 길러 먹거나, 직접 만들어 먹는 것도 좋은 방법이다. 또 조리 과정에서 버리는 것을 최소한으로 해야 한다. 물발자국도 신경을 써야 한다. 뭐 그렇게 따지는 것이 많아서 귀찮지 않느냐고? 하지만 의미 있는 일이다.

음식물 쓰레기를 줄이는 조리법을 '그린 레시피'라고 한다. 음식물 쓰레기 없이 먹고 살려면 어느 정도의 요리 실력과 창의적인 생각, 껍질도 개의치 않는 마음가짐이 필요하다.

소일
小一
팁

음식물 쓰레기를 줄이는 그린 레시피

표고버섯 줄기 장조림

재료: 표고버섯 줄기, 마늘, 올리고당

말린 표고버섯 줄기는 질기기 때문에 보통 버려지는 경우가 많다. 그러나 바로 그 식감 때문에 결대로 찢어지는 게 마치 고기 같다. 말린 표고버섯 줄기를 잘게 찢어 삶고, 마늘을 넣고 간장에 졸이면 표고버섯 줄기 장조림이 완성된다.

감자전

햇감자가 나오는 여름 시즌에는 감자 껍질이 정말 얇아서 깨끗하게 씻기만 하면 굳이 껍질을 벗겨 낼 필요가 없다. 채칼로 감자를 썰어서 밀가루를 조금 넣고 부치면 껍질째 감자를 넣어도 전혀 이상하지 않다. 입맛을 조금만 바꿔 보면, 자연의 영양을 통째로 섭취할 수 있고 음식물 쓰레기도 줄일 수 있다. 환경에도 건강에도 좋은 습관이다.

감자 껍질칩

재료: 감자 껍질, 허브 소금(오레가노 소금), 후추

1. 감자 껍질을 먹기 좋게 자른다.
2. 기름 두른 프라이팬에 올리고 후추, 허브 소금을 뿌린다.

3. 노릇노릇 익으면 끝!

* 바삭한 칩을 만들려면 뒤적뒤적 뒤집지 말고 한 면을 계속 약 불에 놓고 오래 구워야 한다.

콩고기

재료: 양배추, 감자, 전분, 양파, 비지, 소금, 후추

양배추와 양파는 다지고 감자는 강판에 간다.

위의 재료에 소금, 후추, 전분, 비지를 넣고 반죽을 한다. 용기에 꾹 눌러 담아 냉장 보관했다가 한입 크기의 동그랑땡으로 만들어 부치면 완성된다.

가지 꼭지차

가지 꼭지는 가지 과육이나 껍질보다 항산화 활성이 더 높다. 거기다 가지 꼭지 가루는 미백 효과까지 있다. 입냄새를 제거해 주고 구내 염증을 가라앉히는 데도 효과적이다.

가지 꼭지를 4등분해서 가을 햇살에 일주일 동안 말린다. 말린 가지 꼭지를 마른 팬에 10분 정도 볶아 가루를 내서 사용하면 된다. 가지 꼭지차로 마셔도, 치약으로 사용해도 좋다.

찬밥으로 만드는 라이스밀크

재료: 찬밥, 물, 시럽, 소금

1. 찬밥의 3배만큼 물을 넣고 믹서기로 갈아 준다.

2. 면포에 거른다.

3. 남은 건더기가 많으면 다시 한 번 갈아 준다.

4. 시럽과 소금으로 간한다.

세계 음식의 3분의 1이
음식물 쓰레기?

UN에 의하면, 전 세계 음식의 3분의 1이 음식물 쓰레기로 버려지고 있다고 한다. 우리가 낭비하는 식량을 만드느라 매년 4.4기가톤의 이산화탄소가 대기 중으로 배출된다.[22] 이산화탄소를 줄이기 위해 '전시 상황'처럼 대처해야 한다고 말하는 상황에서 4.4기가톤은 터무니없이 많은 양이다. 사람이 만드는 온실가스 배출량의 8%나 된다. UN은 2030년까지 1인당 세계 식량 낭비를 절반으로 줄이는 것을 목표로 하고 있다.

식품으로부터 발생하는 가장 큰 영향은 생산 단계(농업, 식품 가공)에서 일어나지만, 가정에서도 식생활 선택과 식습관을 통해 환경에 충분히 영향을 미칠 수 있다. 주로 식품 관련 에너지 소비와 폐기물 생성을 통해서다.

해마다 생산되는 모든 식품의 약 3분의 1(약 1조 달러 상당)은 소비자와 소매점 쓰레기통에서 썩거나 교통과 수확의 부실로 인해 폐기된다.

『플랜 드로다운』에 따르면, 2050년까지 음식물 쓰레기의 50%를 줄인다면 이산화탄소 26.2기가톤에 상당하는 배출을 피할 수 있다고 한다.

공유 냉장고

공유 냉장고란, 이웃과 음식을 나누면서 음식물 쓰레기 배출을 줄이고, 어려운 이웃을 사회가 스스로 돌볼 수 있는 환경으로 조성하고자 하는 공유 프로젝트다. 조리된 음식의 50%가 음식물 쓰레기로 버려지는 상황을 자각한 독일에서 처음 시작한 운동으로, 전 세계적으로 240여 개 도시에서 진행되고 있다. 우리나라는 서울과 수원을 비롯하여 성남, 하남, 용인, 화성, 이천, 광주 등에서 도입하였거나 준비 중에 있다.

내가 살고 있는 수원시에는 23개의 공유 냉장고가 운영되고 있다.(2020년 12월 기준)

"누구나 넣고, 누구나 가져가 드셔도 됩니다" 냉장고에 크게 적혀 있는 문구처럼 냉장고는 이용자를 제한하지 않는다. 너무 많아 다 먹지 못하는 감자를 넣고, 이사 가기 전에 열심히 모은 식당 쿠폰을 나누며, 빵집 사장님은 퇴근길에 팔고 남은 빵들을 공유한다.

물론 행복한 이야기만 있는 것은 아니다. 공유한 음식물을 혼자 싹쓸이하는 이용자와 운영자 사이에 갈등이 생기기도 하고, 무엇보다 공유받고 싶어 하는 사람들에 비해 공유되는 음식물이 적다.

그럼에도 불구하고 마을마다, 거리마다 공유 냉장고가 생겨서 커먼즈(commons)가 우리 지역에 뿌리내리게 하는 씨앗이 되길 바란다.

소일
小 一
팁

공유 냉장고 이용법

음식 넣는 방법
① 다른 사람과 나누고 싶은 음식을 가까운 공유 냉장고에 가져
간다.(단, 유통 기한이 3일 이상 남은 음식이어야 한다.)
② 음식물의 유통 기한, 제조일을 표시하고, 설치된 장소의 공유
냉장고에 넣는다.

음식 가져가는 방법
공유 냉장고 안의 음식을 필요한 사람이 바로 꺼내 간다.

공유 가능 품목
채소 및 식재료, 과일, 반찬류, 통조림 등 가공품, 반조리 식품, 냉
동식품, 음료수, 빵, 떡, 간식류, 곡류, 음식점 상품권(쿠폰) 등

공유 불가 품목
유통 기한이 지난 음식물, 주류, 약품류, 건강 보조 식품, 불량 식
품, 냉장고 장기 보관 식품 등

———

Part 4

제로 웨이스터의
환경 운동

———

재활용,
분리 배출 편

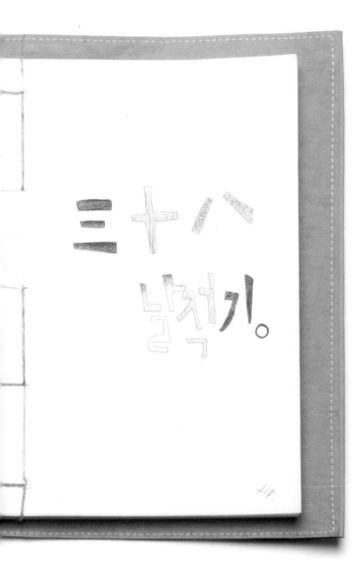

三十八

날썩기。

재활용하면 자원,
버리면 쓰레기

'자원 순환 사회'란, 사람의 생활이나 산업 활동에서 사회 구성원이 함께 노력하여 폐기물의 발생을 억제하고, 발생된 폐기물은 물질적으로 또는 에너지로 최대한 이용함으로써 천연자원의 사용을 최소화하는 사회를 말한다.[23]

하지만 쓰레기를 자원으로 사용하는 것에도 한계가 있기는 마찬가지다. 결국 근본적인 쓰레기 문제를 해결하는 것은 쓰레기를 만들지 않는 제로 웨이스트 사회를 만드는 것이다.

우리나라는 국토 단위 면적당 쓰레기 발생량이 미국에 비해 거의 7배에 가깝다.[24] 좁은 영토에 더 이상 매립할 땅도 없고 소각장을 늘리기도 어려운 실정이다.

아무리 완벽하게 분리 배출한다고 해도(어떤 소재든 마찬가지다.), 재활용하여 자원이 된다고 해도, 여러 등급의 소재가 혼합되기 때문에 하위 등급의 질이 떨어지는 자원이 될 수밖에 없다. 결국 올바른 분리 배출보다 더 중요한 것은 쓰레기 자체를 덜 만드는 것이다.

분리 배출만 하면
만사 오케이일까?

재활용 분리 배출 문화에 익숙하다 보니 가끔 외국책을 읽을 때나 기사를 접할 때 위화감을 느낄 때가 있다. 바로 '분리 배출을 뿌듯해하는 듯한 어투'가 담겼을 때다.

음식물 쓰레기의 분리 또한 이뤄지지 않는지 마트 등에서 유통 기한이 지난 음식물을 일반 쓰레기통을 직접 뒤져 찾아내기도 한다.(프리건(freegan) 운동이라고도 부른다.)

단순히 쓰레기통을 뒤져 '먹을 만한' 식재료를 찾는 의미의 운동이라기보다는 과하게 생산되고, 소비를 조장하고, 결국 버려지는 소비 지향적 문화에 대한 비판을 담은 반(反)소비 운동으로 보는 게 더 옳다.

그런데 분리 배출만 잘하면 과연 환경을 위한다고 말할 수 있을까? 플라스틱으로 예를 들어 생각해 보자. 우리나라는 분리 배출한 플라스틱의 약 62%가 재활용된다.[25] 여기서 말하는 '재활용'에는 플라스틱 물질 재활용과 에너지 수거가 포함되어 있다. 실제로 분리 배출한 플라스틱이 플라스틱으로서 재활용되는 비율은 22.7%밖에 되지 않는다. 나머지 39.3%는 플라스틱을 소각하여 에너지를 만드는 방식이다. 33.4%는 단순 소각, 4.6%는 매립된다.

분리 배출을 아무리 잘해서 재활용된다고 해도 플라스틱의 경우 화학적으로 합성한 물질이라 재활용을 할수록 플라스틱의 질이 떨어진다. 분리 배출을 올바르게 해서 재활용을 했다는 핑계로 무절제하게 사용해 온 한국인의 플라스틱 연간 소비량은 58만 6500톤에 이른다.

연간 소비하는 페트병은 49억 개로 10cm 지름 페트병으로 지구를 10.6바퀴 돌 수 있고, 테이크아웃 컵을 쌓으면 지구에서 달까지 이를 수 있을 정도다. 연간 사용한 비닐봉투로는 한반도의 70%를 덮을 수도 있다.[26]

재활용 분리 배출 요령

일반 쓰레기를 줄일 수 있게 해 주는 가장 손쉬운 방법은 소재에 따라 분리 배출하여 재활용하는 것이다.

기본적인 원칙은 일회용품을 깨끗하게 씻어서 소재별로 배출하는 것이다. 재활용 표시가 없는데도 분리 배출을 해야 하는 것들도 많다. 종이류, 의류, 폐건전지, 형광등, 폐의약품은 일반 쓰레기와 달리 별도의 배출 과정이 필요하다. 형광등의 경우 깨지지 않은 상태로 따로 분리 배출해야 한다.

분리 배출해도 쓰레기가 된다고?

사람은 70%의 물로 이뤄져 있고, 사람의 소지품은 70%가 플라스틱으로 이루어져 있다.[27] 그만큼 플라스틱은 일상 전반에서 사용되고 있다.

우리는 플라스틱을 PET, PP, PS 등의 종류에 따라 잘 분리해서 배출하면 재활용이 된다고 믿는다. 그래서 플라스틱 제품을 사용하더라도 분리 배출한 플라스틱이 다시 플라스틱 자원으로 돌아올 수 있다고 생각한다. 하지만 안타깝게도 유리, 종이, 알루미늄 캔 등과 달리 플라스틱은 재활용해도 본래의 상태로는 돌아오지 않는다. 게다가 플라스틱은 여러 종류의 플라스틱이 섞여서 만들어지는 경우가 많다. 카페에서 아이스 음료를 담아 주는 일회용 플라스틱 컵의 경우 브랜드마다, 제조 공장마다 플라스틱 소재를 다르게 섞는 경우가 많아서 선별장에서는 결국 쓰레기로 취급된다.

플라스틱 재활용을 어렵게 만드는 몇 가지 요소는 다음과 같다.

- 뚜껑: 플라스틱이 아닌 금속 등 다른 재질로 만들어진 경우
- 색상: 무색 투명하지 않은 병의 경우(색깔이 들어가면 재활용 등급이 떨어진다.)
- 라벨: 본체와 다른 재질이거나 같은 재질이어도 인쇄가 되어 있는 경우
- 접착제: 부속물이 잘 분리되지 않는 경우

여러 소재를 섞어 만들어 낸 플라스틱 제품이나 진한 색상을 가진 용기 등은 재활용이 가능하더라도 하급 품질밖에 되지 않는다. 재료를 선별할 만큼 가치가 있지 않으니 쓰레기로 소각하거나 매립하게 되는 것이다.

결국 바른 분리 배출 방법을 익히는 것보다 더 중요한 것은 분리 배출할 플라스틱 쓰레기의 양을 줄이는 것이다. 생산자가 제품을 만들어 팔기만 하는 것이 아니라, 수명이 끝난 제품의 수거와 재활용까지 책임지도록 하는 '생산자 책임 재활용 제도'를 요청할 수도 있다.

분리 배출하는 자원의 양을 줄이는 소비자의 노력과 분리 배출된 자원을 재활용하기 좋도록 제품을 만드는 기업의 노력이 동시에 필요하다. 그것이 열심히 분리 배출한 자원이 쓰레기가 되지 않도록 하는 궁극의 방법일 것이다.

쓰지 않는 물건
기부하기

하나뿐인 지구에서 살면서 마치 우리는 1.7개의 지구[28]가 있는 것처럼 자원을 쓰고 있다. 이런 생산, 소비, 폐기의 악순환을 끊는 가장 쉬운 방법은 '기부'다. 기부란, 내게 쓰임이 없는 물건을 필요한 누군가와 공유하는 것이다. 기부를 하면 물건을 더욱 가치 있게 사용할 수 있고, 물건을 소비하고 버릴 때보다 심리적인 만족도 역시 높다. 우리나라는 기부 문화가 아직 크게 자리 잡지 않았지만, 그럼에도 기부할 수 있는 다양한 통로는 많다.

머리카락

나는 염색도 하지 않고 파마도 하지 않는다. 자연 상태에 가까운 머리카락을 허리쯤까지 길러 기부하기 위해서다. 시간을 들여 기른 머리를 자르는 것이 조금 아쉽지만, 버렸어야 할 머리카락이 어린이 암 환자의 가발로 다시 태어난다는 사실에 기쁨을 느낀다. 25cm 이상의 길이가 된 머리카락은 기증할 수 있다.

외국 동전

미니멀라이프를 하면 돈이 절약된다. 쓸데없는 소비로 나가는 돈을 막아 주기 때문이다. 심지어 집 구석구석을 정리하다 동전을 발견하게 되는 경우도 흔하다. 그중에 추억은 떠올리게 하지만 전혀 화폐로서 가치를 못하는 것이 있다. 바로 외국 동전이다. 지폐는 환전이 되지만 동전은 환전이 되지 않기 때문에 외국을 다녀오면서 모으게 된 여러 나라의 동전들을 두고 어찌해야 하나 고민하기도 한다.

그 동전들을 의미 있게 사용해 보는 것은 어떨까? 유니세프에서는 외국 동전을 기부받는다. 유니세프에서 설치한 모금함에 동전을 넣으면 된다. 인천국제공항, 아시아나항공, KB국민은행, 외환은행과 세븐일레븐, CU, 롯데슈퍼 등에도 설치되어 있으니 적절히 활용해 보자.

책

중고서점이 책을 매입하는 기준은 생각보다 까다롭다. 낙서가 되어 있거나 도장이 찍혀 있는 책은 매입이 어렵다. 좋은 책이지만, 중고로 팔지 못하는 책을 쓸모가 있는 곳으로 보내는 법을 고민하다가 몇 가지 방법을 찾았다.

먼저 아름다운 가게에 책을 기증할 수 있다. 다만, 일반 단행본, 7년 이내 출간된 아동도서(단행본, 전집, 영어도서 등)

만 가능하다.

최신 책이 아니라면 동네에 있는 작은 도서관에 기증할 수도 있다. 내가 사는 동네에는 책 한 권을 기증하면 그 도서관의 평생 회원이 될 수 있다. 나의 경우 《내셔널 지오그래픽》 잡지 세트를 기부하고 평생 회원이 되었다.

옷

사람이 살아가는 데 몇 벌의 옷이 필요할까? 그동안 입어온 옷은 얼마나 될까? 지금 옷장 속에 있는 옷은 몇 벌인가? 잘 입는 옷과 안 입는 옷은 어떤 것인가? 내가 산 옷은 어디에서 누가 만든 옷일까? 내가 버린 옷은 어디로 갈까? 옷에 대해 할 수 있는 질문은 참으로 많다. 미니멀라이프를 시작하면서 나름의 규칙을 정해서 옷장을 꾸리고 있다. 가장 큰 원칙은, 새 옷을 사지 않는다는 점. 새 옷을 쇼핑하는 대신에 중고 옷(second hands)을 찾고, 리폼해서 입으며, 직접 지어 입기도 한다.

두 번째 원칙은, 옷장 속에 들어온 옷들을 어떻게 입었는지 단순한 사진으로 기록하는 것이다. 어떤 옷을 어떻게 입었는지 알게 되면 자연히 입지 않게 된 옷을 골라낼 수 있다.

세 번째 원칙은, 입지 않는 옷을 비운다는 것이다. 의류 분류함에 버리거나 쓰레기로 버리기보다, 다른 사람들이 입을 수 있게 세탁하여 기부한다.

나름의 원칙을 가지고 옷을 정리하고 입다 보니, 옷장을 점점 비울 수 있었다. 지금 내 옷장에는 사계절 옷 29벌과 가방, 신발, 모자, 장갑 13개까지 총 42개의 물건이 있다. 처음 옷장의 옷을 세었을 때는 111개였는데, 그중에서 69개를 덜어 낸 것이다. 물론 빼기만 한 것이 아니고, 마음에 쏙 들고 잘 입는 옷은 채워 가며 더하기 빼기를 계속해 온 상태다. 아직도 비울까 어쩔까 고민하는 옷이 몇 벌 있지만, 50개 이하로 떨어지고 나서부터는 변화가 적다.

옷장을 비우는 습관을 들이다 보면 자연스레 옷을 사는 일에 신중해진다. 신중해진 옷 구매에 몇 가지 기준까지 더하면 옷장에 새로운 옷을 넣기는 정말 어려워진다. 그러다 보면 지금 입는 옷을 무척 소중히 간직하게 되고 오래 입을 수 있도록 관리하게 된다. 그렇게 나의 스타일이 생긴다. 코코 샤넬은 말했다.

"패션은 변하지만 스타일은 영원하다."

당장 옷을 싹 버리라는 말은 아니지만, 할인에 혹하여 주문하기 전에 입을 옷을 미리 옷장에서 찾아 보자. 입을 만한 옷이 마땅히 없는 것 같아도 우리는 작년에도 잘 입고 지냈다.

'단출한 옷장'의 장점

1. 옷장이 넉넉하다.

어떻게 옷을 수납할까, 어떻게 개야 깔끔할까 고민할 필요가 없을 만큼 옷장이 넉넉해진다.

2. 옷을 고르는 데 시간이 걸리지 않는다.

옷장이 단출하면, 무슨 옷을 입을지 고민을 적게 해도 된다. 어차피 입을 수 있는 옷이 몇 벌 되지 않으니 TPO에 맞춰 입기만 하면 된다.

3. 옷 관리가 수월하다.

옷이 줄면 관리할 옷도 줄어든다. 신경 써야 할 옷의 수만 줄어도 스트레스 받지 않고 옷을 관리할 수 있다.

4. 나의 취향과 스타일을 알 수 있다.

내 가치관과 생각을 담아 신중히 고른 옷은 나의 고유한 스타일을 완성시켜 준다.

기부 실천

주방용품(살림기부캠페인)

아동보호시설에서 자란 청소년들은 고등학교를 졸업하면 바로 자립을 해야 한다. 국가에서 지원해 주는 것이라곤 단돈 500만 원으로, 학비도, 생활비도, 월세도 그 돈으로 충당해야 한다. 그 아이들에게 주방용품을 기부하는 캠페인이 있어 그릇과 컵, 식기류를 한 번 삶은 뒤 담았다. 자잘한 식기와 그릇만 보내기 아쉬워서 그릇 세트 한 박스도 보내며 아이들에게 조금이라도 도움이 되길 바랐다.

학용품(세계교육문화원 WECA)

쓰지 않은 학용품과 선물 가능한 상태의 학용품이 서랍에 가득해서 세계교육문화원에 기부했다. 보낼 수 있는 학용품의 종류가 한정되어 있기에 기증 가능 물품 목록을 살펴보며 아이들에게 좋은 선물이 될 만한 것들을 추렸다. 해외 아동들이 사용할 수 있는 필기구를 한 박스 채워 보내고 나니 앓던 이가 빠진 것처럼 개운했다.

인체장기조직기증 희망등록(국립장기조직혈액관리원)

크리스마스를 기념하여 아빠와 함께 인체조직기증 서약을 했다. 사후에 우리 몸의 피부, 뼈 등을 기증하여 중증화상, 골육종 등으로 생명을 위협받는 환자들에게 새 삶을 선물하는 일이다. 뇌사 상태에 이르러야 기증이 가능한 장기 말고도, 불의의 사고나 생활 속 부상 등으로 인체 조직에 손상을 입은 분들을 위한 조직도 기증하기로 했다.

인체조직기증 문화가 활성화되어 있지 않은 우리나라는 이식재의 80%를 수입에 의존하고 있다. 죽고 나면 다시 쓸 일 없는 몸이 누군가에게는 생명을 살리는 일이라는 생각을 하니 감격스러웠다. 기증희망등록증도 발급받았고, 신분증에 부착할 수 있는 '인체조직기증' 스티커도 운전면허증, 주민등록증에 붙여 두었다.

직장 생활 편

제로 웨이스터의
회사 생활 실천기

자칭 '작은 환경 운동가'로 일상에서 환경을 위한 실천들을 해 왔지만, 개인이 할 수 있는 일에 한계가 있음을 깨닫던 차였다. 마침 그 시기에 환경 관련 기관에 입사하게 되었다. 처음 서류를 지원하고 면접을 보았을 때, 제일 처음 내 마음을 움직인 것은 바로 유자차 한 잔이었다. 면접을 보기 전에 대기실에서 기다리고 있는데, 직원분이 머그컵에 담긴 유자차를 건네주셨던 것이다.

일회용품을 쓰지 않으면 좋겠다고 굳이 설득하거나 설명을 할 필요가 없는 직장이라니, 나에겐 천국처럼 느껴졌다.

사무실에서

사무실에서 일을 할 때도 손수건은 늘 왼쪽 주머니에 구비되어 있다. 점심에는 외식을 해야 하니 외부 음식을 막 먹다 보면 두드러기가 나는 경우도 있어 항히스타민제 하나는 상비해 둔다. 그리고 집에서 쓰던 문구류, 이어폰, 대나무 칫솔 등 각종 물건을 서랍에 쟁였다.

사무실에는 천연 수세미를 들였다. 일회용 종이컵 대신 스테인리스 등의 다회용 컵을 사용해서 설거지를 자주 하는 편인데, 굳이 플라스틱 수세미로 설거지하고 싶지 않아서였다. 다행히 동료들이 좋아해 주었다.

종이컵 없는 사무실 만들기, 어렵지 않다.

대기 전력을 낭비하지 않기 위해 컴퓨터를 사용하지 않을 때는 전원을 모두 꺼 둔다. 책상 아래 콘센트 단추를 껐다가 켜는 단순한 일을 잊어버리지 않고 퇴근할 때마다 반복한다.

다과를 구입할 때 작은 장바구니를 챙김으로써 비닐봉지나 종이박스 사용을 줄인다.

화장지만 덜 써도 나무를 아낄 수 있다. 화장지 사용을 줄이면 나무를 덜 베어도 되고, 그 나무들은 다양한 생물의 터전이 된다. 미세먼지도 흡수하고 온실가스도 줄인다. 그러면 마스크를 쓰지 않아도 되고 기관지염, 비염을 덜 앓게 된다.

자연의 모든 것이 연결이 되어 있고 인간은 그 자연 속에서만 살 수 있다. 나의 작은 수고로움은 결국 나를 위한 것이다.

화장실에서

이를 닦을 때는 대나무 칫솔을 사용한다. 치약은 생략하고 빈 칫솔질로만 양치질을 한다. 집에서처럼 양치컵에 물을 받아 입을 헹구고 칫솔을 헹구는 데 쓴다.

손을 씻거나 양치하고 남은 물기는 손수건으로 닦는다. 월경컵을 사용하다 보니 일회용 월경대 쓰레기는 만들지 않는다. 스테인리스 컵에 물 한 컵을 받으면 월경컵을 비우고 씻고 다시 착용하기 충분하다.

사무실에서 에너지와 자원을 아끼는 실천은 유별나게 생

화장실 3종 세트

각되지 않고, 응원하거나 함께 동참하는 편이다. 이런 직장 분위기의 흐름을 타서 화장실에서 화장지 대신 작은 소창 손수건을 사용하기 시작했다. 소변을 보고 손수건을 이용한 다음 뜨거운 물로 바로 빨아서 말리기만 하면 된다. 먼지가 묻지 않도록 파우치에 다섯 장 정도 담아 두고 하나씩 뽑아 쓴다.

손빨래한 손수건은 툭툭 털어 말리는데, 책상 서랍 옆 집게에 걸어 두기에 딱 좋다. 너무 눈에 띄는 곳도 아니고 바람도 잘 통하는 곳이라 금방 마른다.

하루에 9시간, 3~4번 화장실에 갈 때마다 화장지 대신 손수건을 쓰고 있다. 이렇게 주 5일이 차곡차곡 쌓이면 엄청난 양의 화장지 사용량을 줄일 수 있다. 보통 한 번 소변을 볼 때 80cm 분량의 화장지를 사용한다고 치면, 1년이면 768m의 화장지를 절약할 수 있다. 자그마치 30m짜리 두루마리 휴지 25.6개에 해당하는 양이다.

요즘 하수처리장에서는 변기에 내린 물티슈 때문에 골머리를 앓는 중이라고 한다.(기계에 걸려서 일일이 손으로 건져 내야 한다.) 플라스틱 원단으로 만드는 물티슈는 물속에서 녹지 않는다. 그러므로 꼭 일반 쓰레기로 버려야 한다. 한 번 쓰고 나면 처리하기 어려운 물티슈 대신 손수건을 이용해 보자.

친환경 사무실 만들기

내가 일하는 친환경 사무실의 모습을 지금부터 소개해 보겠다.

- 일회용 종이컵 대신 스테인리스 컵을 쓴다.
- 일회용보다 다회용 사무용품을 쓴다.
- 현수막, 포스터를 자석으로 고정한다.
- 실내에 식물 화분을 키운다.
- 에너지 절약에 신경 쓴다.
- 종이 박스를 재활용한다.
- 이면지 사용을 생활화한다.
- 텀블러를 들고 다닌다.
- 재생 종이를 쓴다.
- 불필요한 인쇄를 줄인다.
- 적정 기술을 이용한 공기 청정기를 사용한다.
- 대중교통을 이용해 출장을 간다.
- 친환경, 유기농 지역 먹거리를 소비한다.
- 지역의 환경 시민 단체를 후원, 지원한다.
- 환경 잡지를 구독한다.
- '제로 플라스틱 캠페인' 등 소비자 운동에 참여한다.

자전거 출퇴근 챌린지

전국 12개의 시도가 함께하는 자전거 출퇴근 챌린지가 매년 열리고 있다. '에코바이크'라는 어플을 설치하고 자전거를 타고 출퇴근할 때 '주행 시작', '주행 완료' 버튼을 눌러 주면, 이동거리, 절감한 에너지양, 저감한 이산화탄소의 양을 확인할 수 있다. 자전거를 탄 거리에 따라 등수가 공개된다. 이 챌린지는 전국적으로 진행된다.

에코바이크 어플

Part 5

제로 웨이스트하며 놀기

취미 생활 편

제로 웨이스트
키트 만들기

쓰레기 없이 사는 일상은 쓰레기를 많이 배출하는 삶보다는 확실히 불편하다. 챙겨야 할 것도 많고, 소소한 수고로움도 필요하며, 재빨리 사양하거나 거절해야 하는 일도 상당하다. 그럼에도 쓰레기를 만들지 않는 제로 웨이스트 일상은 유익한 점이 많다.

우선 매우 보람차다. 작은 성공인데도 크게 기쁘고, 남은 몰라줄지언정 내가 줄인 작은 쓰레기가 크게 느껴진다. 세상에 조금씩 착한 일을 하고 있다는 뿌듯함도 생긴다. 무엇보다 열심히 노력할수록 환경에 대한 죄책감을 덜 수 있다. 쓰레기를 덜 만드는 일상이 습관이 되면 쓰레기를 버리는 수고도 줄어든다. 분리 배출한 쓰레기 양이 줄어드니 쓰레기를 분리하느라 시간을 오래 쓸 필요가 없다. 일반 종량제 쓰레기도 마찬가지다. 배출하는 쓰레기가 거의 없으니 쓰레기통 자체가 필요 없다. 청소가 간단해진다.

꼭 필요한 소비만을 하는 버릇은 경제적으로 큰 이익이 된다. 자잘한 소비를 줄이면 그 돈으로 정말 원하는 큰 소비가 가능해진다. 텀블러를 사용하는 일상으로 생각해 보자. 스타벅스에 개인 컵을 가져가면 한 잔에 300원씩 할인이 된다. 한 달 동안 매일 커피 한 잔을 마신다고 가정하면 9,000원이나 아낄 수 있고, 30개의 일회용 컵 쓰레기를 배출하지 않을 수 있다. 계속 시간이 누적된다고 하면 그 영향력은 배가 된다.

이것이야말로 우리가 제로 웨이스트 필수품들을 챙겨야 하는 큰 이유 중의 하나다.

제로 웨이스트에 관심 있는 사람이 쓰레기 없는 삶을 살기로 결심했다고 가정해 보자. 이때 쉽게 빠지게 되는 함정이 있다.(다른 취미 생활에서도 비슷한 양상을 띤다.) 바로 '장비 수집'에 먼저 나서는 것. 쓰레기 없는 삶을 살고 싶으니까 텀블러, 장바구니, 식기 등등 책이나 블로그에서 보았던 물건을 구입하려고 하는 것이다. 물론 그 물건들이 무조건적으로 나쁘다는 말을 하는 것은 아니다. 강조하고 싶은 것은, 제로 웨이스트를 한다고 해서 꼭 제로 웨이스트 키트를 챙겨야 하는 것은 아니라는 점이다. 특히 에코백, 장바구니, 텀블러 등은 친환경이라는 이름으로 집 안에 쟁여 놓기 일쑤 아닌가? 아무리 친환경용품이라고 해도 제대로 활용하지 않고 가지고만 있으면 잡동사니에 불과하다.

바로 그런 이들을 위해 준비했다. 이에는 이, 눈에는 눈, 제로 웨이스트에는 제로 웨이스트, 일명 제로 웨이스트하며 제로 웨이스트 키트 만들기!

민소매 티로 에코백 만들기

처음에는 유명 제로 웨이스터의 멋져 보이는 주머니를 따라 구입해야겠다고 생각했다. 그렇게 한참 인터넷 쇼핑몰과 블로그를 뒤지다가 주머니로 쓸 만한 대체품을 찾았다. 이름하여 안 쓰는 빨래망.

빨래망은 유용한 장바구니가 된다.

빨래망을 나름 유용하게 사용했지만, 두 개뿐이다 보니 장을 볼 때 여러 아이템을 고르기 힘들었다. 그러다가 유튜브에서 안 입는 티셔츠, 민소매 티로 장 볼 때 사용하는 주머니를 만드는 영상을 보고, 나도 직접 만들어 보기로 했다.

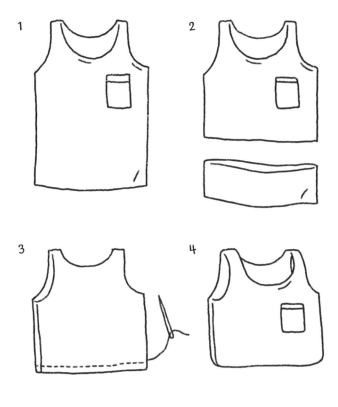

민소매 티로 에코백 만들기

1. 안 입는 옷을 준비한다.(가능하면 면 100%가 좋다.)

2. 원하는 크기에 맞춰 자르고 밑단을 박음질한다.

3. 뒤집어서 박음질한다.

4. 다시 뒤집으면 주머니 완성!

이렇게 만들어 놓으면 비닐봉지나 종이봉투에 비해 훨씬 오래 사용할 수 있다. 버리는 옷을 사용한 것이니 굳이 천을 구입할 필요도 없다. 긴팔 티셔츠의 경우 소매 부분으로 바게트용 주머니도 만들 수 있다.

재봉틀이 있다면 드르륵 쉽게 만들 수 있을 것이고, 나처럼 손바느질로 만든다면 조금 비뚤비뚤할 수야 있겠지만, 그래도 크게 어렵지 않게 완성할 수 있다.

소창 천으로 작은 주머니 만들기

가볍고 잘 마르는 소창 천(기저귀 천)이 있다면 자투리를 이용하여 작은 주머니를 만들 수 있다. 만드는 방식은 특별할 것이 없다. 크기를 가늠하여 한쪽은 묶을 수 있을 만큼 여유 공간을 둔 다음, 반쯤 접어 박음질하면 완성된다. 숟가락과 젓가락을 꽂으면 수저 주머니가 되고, 간식을 담으면 간식 주머니가 된다. 용도를 정해 두지 않고 이곳저곳에 활용할 수 있는 주머니 한두 개만 만들어 두어도 돌려 쓰기 좋다.

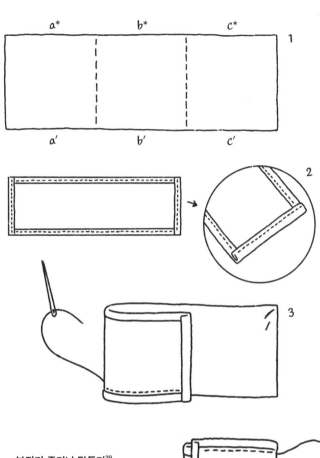

a^* b^* c^* **1**

a' b' c'

2

3

보자기 주머니 만들기[29]

1. 세로와 가로가 1:3 비율이 되도록 천을 준비한다.

2. 가장자리를 두 번 접어서 꿰맨다.

3. 한쪽을 가운데로 접어서 꿰맨다.($a'+b'$)

4. 나머지 한쪽 역시 가운데로 접어 꿰맨다.(b^*+c^*)

5. 뒤집어서 다음과 같은 모양을 만들면 완성!

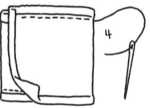

4

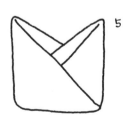

5

버리는 셔츠로 손수건 만들기

때가 지지 않고 소매는 낡은 면 100% 셔츠가 있다면 버리지 말고 손수건을 만들어 보자. 제로 웨이스터에게 손수건은 필수품과도 같으니 많이 만들어 놓아도 조금도 부족함이 없다. 무엇보다 셔츠 등판의 넓은 면은 천도 멀쩡하고 넓기도 해서 손수건으로 변신하기에 딱이다.

1

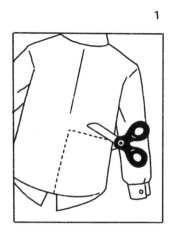

2

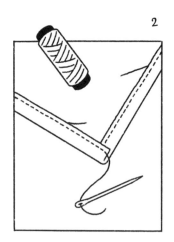

셔츠로 손수건 만들기

1. 손수건으로 만들고 싶은 셔츠를 시접 (1.5cm)을 두고 재단한다.

2. 0.5cm를 접어 다림질하고 다시 0.7cm 를 접어 다린다.

3. 두 번 접어 다린 손수건의 둘레를 전부 홈질한다.

3

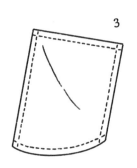

체크 무늬 셔츠로
손수건 만들기

체크 무늬 셔츠라면 줄무늬를 따라 자르면 되기 때문에 손수건을 만들기 더욱 쉽다. 기왕 셔츠를 잘라 만들었으니, 네모 반듯하지 않게 선 모양을 그대로 살려 손수건을 만들어도 괜찮다.
선물용으로 만들다 보니, 자수도 좀 넣어 보았다. 끝단이 풀리지 않게 먼저 다림질하고, 두 번 접어 바느질하면 완성. 시간과 정성은 들지만 세상에 하나뿐인 손수건이 된다는 점에서 의미가 깊다.

줄무늬를 살린 게 매력 포인트다.

못 쓰는 물건으로
새 물건 만들기

세상의 수많은 '금손'과 '유튜버' 덕분에 DIY 기술은 점점 더 확장되고 있다. 이 물건으로 도대체 뭘 어떻게 만들 수 있을까 고민될 때는 먼저 검색해 보자. 간단한 수리, 수선, 리폼, 업사이클 등 재미있는 아이디어들이 쏟아지니 취향에 맞는 물건을 직접 만들 수 있다. 새 물건을 만들기 위해 재료를 새로 살 필요는 없다. 그 전에 못 쓰는 물건, 버려질 물건으로 만들 수 없는지 고민해 보자. 조금의 창의성과 만들고자 하는 의지만 있으면 새로운 물건을 만들 수 있다.

머리카락이나 동물 털을 넣은
바늘방석 만들기

고쳐 쓰고 다시 쓰는 제로 웨이스터에게 필수라 할 수 있는 것 중의 하나가 바로 손바느질이다. 손바느질이 필수라면 잃어버리기 쉬운 바늘을 보관하는 바늘방석도 필요하다. 머리카락이나 동물의 털을 이용해 바늘방석을 만들어 보자.

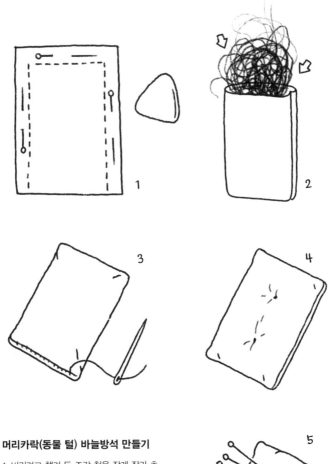

머리카락(동물 털) 바늘방석 만들기

1. 버리려고 챙겨 둔 조각 천을 작게 잘라 초크로 선을 그린 뒤, 시침핀으로 고정한다.

2. 뒤집을 구멍을 남기고 박음질한 뒤 머리카락(동물 털)을 꾹꾹 채워 넣는다.

3. 머리카락을 채워 넣은 주머니의 창 구멍을 공그르기해서 막는다.

4. 건빵 모양처럼 무늬를 낸다.

5. 바늘과 시침핀을 꽂는다.

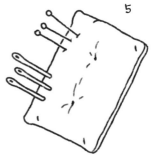

유행 지난 셔츠 깃 수선하기

셔츠나 남방의 깃은 별것 아닌 것 같아도 생각보다 존재감이 크다. 어떤 깃인가에 따라 이미지가 달라지고 또 그만큼 유행도 많이 타기 때문이다.

양쪽 칼라의 각도는 75도가 표준이지만, 유행에 따라 조금 넓어지기도 하고 좁아지기도 한다. 작은 차이 같은데도 칼라 각도가 좁은지 넓은지, 칼라 넓이가 큰지 좁은지에 따라서 셔츠의 느낌이 확연하게 달라진다.

나의 경우 유행을 타는 깃이 귀찮아져서 깃이 없는 차이나 칼라 셔츠를 고를 때도 있다.

혹은 유행에 맞춰 깃을 수선하기도 한다.

촌스러운 옷
리폼하기

면 100% 코듀로이 남방은 언제 샀는지 가물가물거릴 정도로 오
래된 옷이다. 소재가 좋고 크기도 넉넉해서 입기 편한데, 유행이
지나 깃이 좀 촌스러운 느낌이어서 자주 입지 않게 되었다.
리폼할 수 없을까 고민하는데, 가만히 보니 의외로 깃만 떼어 내
면 차이나 칼라가 가능할 것 같았다. 실뜯개를 가지고 실을 뜯기
시작했다. 생각보다 간단히 뜯어졌고, 떼어 보니 바느질만 해서
마감하면 완성이 될 것 같았다.

유행이 지난 옷의 깃을 떼어 냈다.

가장 비슷한 색상 실로 박음질을 했다. 그렇게 바느질하니 깃 수선 끝! 새 셔츠를 얻은 기분이다.

일반 깃에서 차이나 칼라 완성!

버리는 머그컵으로
컵 화분 만들기

판촉물, 답례품 등으로 빠지지 않는 물건 중에 머그컵이 있다. 로고나 기념 문구 등을 인쇄하기 좋고, 선물하기 적당한 크기와 가격 탓에 많은 이들이 선호하기 때문이다.

우리 집에도 어디에서 받았는지 그 출처가 명확하지 않지만, 여기저기서 받은 머그컵이 잔뜩이다. 세트로 구성되어 있거나, 이름 등이 새겨져 있지 않은 새 컵은 아름다운 가게에 기증했기 때문에 남아 있는 컵들은 짝 잃고 못난 컵들뿐이다. 그렇게 이가 나가거나, 손잡이가 떨어지거나, 지저분해진 머그컵은 '화분'으로 변신하기도 한다.

1

2

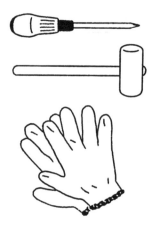

3

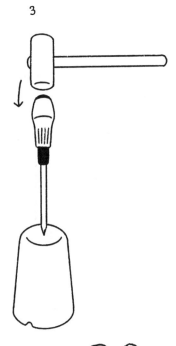

컵 화분 만들기

1. 버리려는 컵을 준비한다.(이가 나
   간 컵, 손잡이가 떨어진 컵 등)

2. 망치, 십자드라이버, 장갑을 챙
   긴다.(실내라면 신문지도 준비해
   보자.)

3. 컵 바닥에 십자드라이버를 수직
   으로 맞추고 망치로 살살 친다.

4. 드라이버가 컵에 물 구멍을 내면
   컵 화분 완성!

4

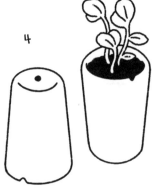

화분으로 머그컵을 만들었다면, 아무 식물이나 심으면 된
다. 머그컵 이외에도 도자기 소재의 연필꽂이, 밥그릇 등으
로도 만들 수 있다.

머그컵 화분은 실내 인테리어로도 훌륭하다.

집에 오는 손님께 쉽게 선물할 수도 있다는 것 또한 큰 장
점이다. 쓰레기로 버리지 않고 업사이클(새활용)할 수 있
고, 인테리어 소품도 되는, 간단하고 쉬운 그린 인테리어
팁이라고 할 수 있다.

이면지로 노트 만들기

버려지는 이면지로 노트를 만들면, 새로 사지 않고도 나만의 특별한 공책을 만들 수 있다.

전통 제본 공책 만들기

몇 년 전부터 이면지를 이용해서 공책을 만들어 써 왔다. A4 용지를 반으로 접어 묶어 쓰는 것인데, 생각보다 간단하고 활용도가 높다.『나는 쓰레기 없이 산다』에서도 같은 방법으로 공책을 만드는 법이 소개되어 있다. 그 책에서는 제본 방식을 바느질 홈질과 같은 방식으로 만들었는데, 나는 우리나라 전통 제본법으로 공책을 만들었다. 전통 제본법은 만드는 방법이 복잡한 반면, 튼튼하다는 장점이 있다.

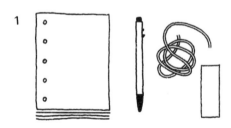

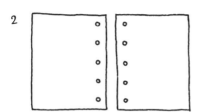

전통 제본 공책 만드는 법[30]

1. 재료를 준비한다.

2. 서로 마주보는 종이 끄트머리에 일렬로 구멍을 낸다.

3. 가운데 구멍 뒤에서 앞으로 끈을 끼운다. 이때 끈은 한쪽은 짧고 한쪽을 길게 해야 한다.

4. 긴 끈을 짧은 끈 구멍으로 내보낸다.

5. 종이를 덮으면 다음과 같은 모양이 된다.

6. 끈을 위쪽 구멍의 앞에서 뒤로 통과시킨다.

7. 통과한 구멍으로 다시 한 번 둘러 준다.

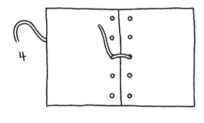

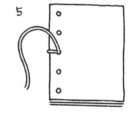

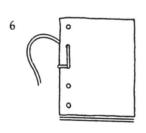

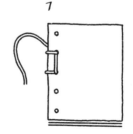

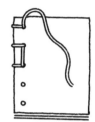

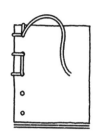

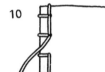

8. 끈을 윗 구멍으로 보낸 뒤 뒤에서 앞으로 통과시킨다.

9. 이번에는 위로 한 번 둘러 준다. 지금부터는 아래로 내려가기 시작한다.

10. 끈이 다시 가운데로 올 때까지 내려오면서 둘러 준다.

11. 두 끈이 만나면 성공! 끈을 묶어 준다.

12. 잘 덮으면 노트 완성!

작은 노트 만들기

A4 이면지는 노트나 공책을 만드는 재료가 된다. 앞서 소개한 전통 제본 방식보다 더 간단하게 노트를 만드는 방법도 있다.

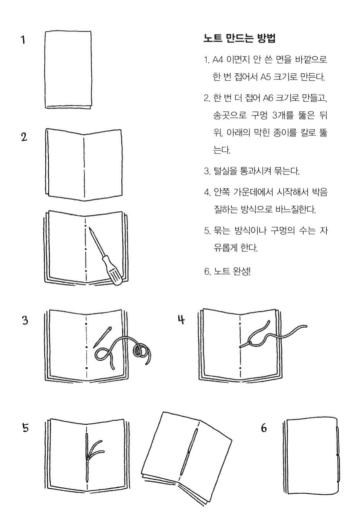

노트 만드는 방법

1. A4 이면지 안 쓴 면을 바깥으로 한 번 접어서 A5 크기로 만든다.

2. 한 번 더 접어 A6 크기로 만들고, 송곳으로 구멍 3개를 뚫은 뒤 위, 아래의 막힌 종이를 칼로 뚫는다.

3. 털실을 통과시켜 묶는다.

4. 안쪽 가운데에서 시작해서 박음질하는 방식으로 바느질한다.

5. 묶는 방식이나 구멍의 수는 자유롭게 한다.

6. 노트 완성!

오래 쓰고 고쳐 쓰기

영화 「100일 동안 100가지로 100% 행복 찾기」는 과거 사람들이 가지고 있었던 물건들을 보여 주며 영화가 시작된다. 평균적으로 증조부모 세대에는 57가지, 조부모 세대에는 200가지, 부모 세대에는 600가지의 물건을 소유하며 살아갔다고 한다. 그리고 현대의 우리들은 평균 만 가지의 물건으로 생활한다.

나도 미니멀리즘 게임을 하며 수많은 물건을 비워 냈지만, 아직도 남아 있는 물건이 많이 있다.

이렇게 많은 물건을 사용하지도 않고 쌓아 두고 사느라 지구의 자원을 소비하고, 쓰레기를 만들고, 엄청난 비용을 소비하는 것은 아닐까? 너무 많은 물건을 쉽게 구입하고 쉽게 버리는 지속 불가능한 생활 방식을 인간이 누린 것이 고작 100년 남짓인데, 그 사이 지구의 온도는 1도가 올랐다.[31] 많은 물건이 쌓여 있는 집 때문에 스트레스 받고, 곧 짐이 될 물건을 살 돈을 버느라 고생하고, 또 짐을 치우느라 스트레스를 받는다. 또 지구는 지구대로 엄청난 쓰레기로 몸살을 앓고, 지구 온난화로 인한 자연재해에 생물은 68%가량 이미 멸종했으며, 인간 역시 생존하기 어려운 환경에 처해 있는 상황이다.[32] 그럼에도 '신상', '한정' 아이템이 그렇게 매력적인가?

이제는 물건을 대하는 태도가 달라져야 한다. 불필요한 물건을 집에 쌓아 두지 말고 필요한 사람에게 나누어 주자. 그리고 필요한 물건은 신중하게 구입해서 오래오래 아껴서 사용하자. 환경을 위하는 일이면서도 경제적으로 합리적인 일이다.

소일의 오랜 물건들

일본어로 '물건을 잘 다뤄 오래 쓰는 사람(物持ちがよい人)'이라는 표현이 있다. 내가 딱 그런 사람이다. 물건을 험하게 다루지도 않고, 한 번 산 물건은 오래 쓴다. 내가 산 물건뿐 아니라, 엄마한테 물려받은 물건, 선물받은 물건 모두 아끼고 정을 붙인다. 두고두고 아끼는 오래된 물건들 몇 가지를 소개해 보겠다.

1955년 독일산 클래식 카메라

필름 카메라도 드문 요즘, 클래식 카메라의 성능을 보자면 웃음이 나오지만 그래도 이 카메라만의 느낌이 분명 있다. 초점도 노출도 모두 수동으로 해야 하고 실물 같은 디지털카메라의 화질을 따라가지 못하지만 저만의 분위기를 가지고 있는 빈티지한 물건이다.

부모님께 물려받은 물건들

나는 부모님의 물건도 곧잘 물려 쓴다. 엄마가 결혼하기 전에 입은 빨강 앙고라 니트는 이제 나의 겨울 포인트 옷이 되었다. 앙고라 80%, 나일론 20% 혼용율을 가지고 있는 데다 구슬까지 알알이 박혀 있어 어여쁘다. 다른 니트를 아무리 입어 봐도 엄마의 빨강 니트처럼 따뜻하고 편한 니트가 없다. 게다가 색상도 화사해서 유난히 안색이 밝아 보인다.

아빠의 서재 책상은 어릴 적 내 놀이터였다가 이제는 내 작업터가 됐다. 책상은 세월을 겪으면서 어떤 쪽은 패이고 어떤 쪽은 칠이 벗겨졌지만, 그런 역사가 고스란히 남아 있기에 지금도 여전히 애용하는 책상이다.

옷에 먼지를 떼는 브러시, 아침마다 죽을 떠먹는 뚜껑 있는 주
발, 마름모 모양의 무늬가 있는 그릇들은 모두 부모님이 물려 주
신 소중한 물건이다.

오랜 시간 정이 든 만큼 앞으로도 오래오래 사용하고 싶은
그런 물건들, 폭풍 같은 미니멀리즘 게임에서도 살아남아
그 가치와 존재감을 증명하는 물건들… 그런 물건을 소중
히 다루고 오래도록 사용하는 미니멀리스트가 되고 싶다.

사는 것보다
오래 쓰는 게 더 어렵다?

스마트폰은 약정 기간까지 쓰면 왜 금방 고장이 나곤 하는
것일까?
냉장고를 고치려고 했지만 예전 모델이라 더 이상 부품이
없는 일도 비일비재하다.
물건을 고쳐 쓰고자 하는 의지가 있고, 고치는 데 드는 비
용을 지불하려는 뜻이 있어도 물건을 고치는 일은 생각보
다 쉽지 않다.
기업은 소비자가 고장 난 물건을 고쳐 오래 사용하기보다
새롭게 출시한 물건을 구입하기를 바라기 때문이다. 스마
트폰의 경우 제품의 보증 기간은 보통 2년, 제품의 부품 보

유 기간은 4년이라고 한다. 기술이 혁신적으로 바뀌고 제품이 점점 좋아지기 때문이라는 점은 알겠지만, 수리할 수 있는 부품을 4년만 보유하는 것은 좀 아쉬운 일이다.

『물건 이야기』에는 "제품을 생산하는 업체들이 과잉 생산된 제품을 처분하기 위해 '계획적 구식화(planned obsolescence)'라는 책략을 쓴다."는 이야기가 나온다. 다른 말로는 '쓰레기장으로 가기 위한 디자인'이라고도 한다. 계획적 구식화 전략 아래 사람들이 가능한 빨리 버리고 새것을 사게 한다. 작년과 기능 차이가 특별히 없어도 매해 새 제품이 출시되고, 신제품이 아닌 제품은 몇 년만 지나면 A/S도 안 되는 구닥다리가 되는 것이다. 그런 구조로 또 신제품을 생산하고 우리는 또 그 제품을 사느라 일을 하는 쳇바퀴에서 벗어날 수가 없다.

제품을 만드는 생산자는 계속 새로운 제품, 새로운 부품을 만드느라 자원과 돈을 들이고, 소비자는 물건을 사고, 그 물건을 처분하느라 돈을 들인다. 이제 새로운 물건을 만드는 기술 혁신 말고 보다 오랫동안 안정적으로 사용할 수 있는 내구성 있는 물건을 만드는 기술이 필요한 때다.

수리 비용이 더 비싼 현실

압력밥솥이 최근 압력 기능을 잃어서 고무 패킹을 새로 구입했다. 그래도 김이 새는 것은 매한가지여서 밥솥 뚜껑을 A/S 센터로 보냈다. 그렇게 아껴 쓰고 고쳐 쓰려던 차에 전화 한 통이 걸려 왔다.

"수리 비용은 9만 7000원입니다."

처음에는 잘못 들었나 싶었다. 몇 가지 부품을 교체하는 가격이 9만 7000원이라고? 이미 택배를 보내느라 선불로 낸 5,500원까지 합하면 10만 원이 넘는 가격이 아닌가? 거기다가 고치더라도 보장은 고작 3개월이라고 했다. 결국 엄마는 그냥 새 제품을 사자며 고장 난 뚜껑을 그대로 반송받으라고 했다.

가전제품을 대를 이어 쓴다는 말은 들어 본 적도, 그렇게 한 번이라도 써 본 적도 없다. 그릇 등은 가끔 대를 이어 쓰기도 하지만, 그런 압력밥솥은 보지 못했다.

엊그제 홈쇼핑에서 보았던 무쇠솥 3개, 그릴팬 1개는 세트로 해서 19만 7000원쯤이었는데, 같은 무쇠솥 단품을 사면 16만 원이 넘었다. 세트에 비해 단품이 너무 비싸서 필요도 없는 세트를 구입하게 만드는 구조인 것이다. 새로운 물건을 사라고 부추기는 세상에서 미니멀라이프를 추구한다고, 필요한 만큼만 사겠다고, 고쳐서 쓰겠다고 고집하려면 얼마만큼의 경제적 손실을 감수해야 하는 것일까?

그럼에도 고쳐 쓰기

미니멀리스트는 물건을 적게 소유하는 만큼 그 물건을 아끼고 잘 사용해야 한다.

나도 최소주의자를 꿈꾸기에 물건을 고쳐 쓰는 게 때때로 더 험난할지라도 소중히 사용려고 노력한다.

자전거 고쳐 타기

자전거는 7~8년 전쯤 아빠가 엄마에게 선물한 것이다. 아무래도 오래되다 보니까 자전거 기어나 브레이크가 잘 작동하지 않았는데, 최근 자전거 가게에서 싹 수리를 했다. 고장 났던 브레이크를 새 브레이크로 바꾸고 끽끽 소리가 나던 기어도 고치고 나니, 새 자전거같이 씽씽 잘 달린다.

부채 수선해서 쓰기

물건을 장기간 사용하려면 수선할 능력과 수선할 의지가 필요하다. 10년 동안 더운 여름마다 시원한 바람을 만들어 줬던 부채는 서예를 하는 이웃 아주머니가 선물로 주신 것인데, 종이와 대나무로 만들어진 부채다 보니 시간이 흐르며 양쪽 끝이 찢어지고 헤졌다. 버리고 새로 사려다가 고쳐 써 보기로 했다. 얇고 질긴 한지를 덧붙여 수선했다. 좋아하는 물건을 고치다 보니 그 물건에 점점 더 정이 들게 된다. 더운 여름, 올해도 잘 부탁해.

의미 있는 선물은 고쳐 쓰고 아껴 쓴다.

가위 갈기

우리 집에서 가장 자주 사용하는 물건이 있다면 바로 '가위'다. 최근 연식이 쌓였는지 어느 순간부터 잘 잘리지 않았다. 고칠 방법이 없을까 고민하던 차에 동대문에 가위를 가는 곳이 있다는 정보를 듣고 찾아갔다. 동대문종합시장 3층 D동에서 B동으로 넘어가는 길에 가위를 갈아 주시는 분이 계셨다. 오래된 가위가 새 가위가 되는 가격은 4000원. 뭔가 의미 있는 일을 한 기분이다.

우리집 골동품, 가위

우산 끈 교체하기

2년 전에 구입한 양산 겸용 우산을 잘 사용하고 있었는데, 어느새 우산 끈이 낡아 수선이 필요해 보였다. 어떤 끈으로 바꿀까 고민하다 집에 있는 회색 면실을 이용하기로 했다. 실을 한 겹으로 쓰기에는 얇아서 세 줄로 땋은 끈을 손잡이에 고정했더니 어렵지 않게 끈 교체를 할 수 있었다. 기존에 있던 끈을 빼고, 새 끈의 끝을 손잡이 안으로 넣은 뒤 끈이 빠지지 않도록 고정하기만 하면 된다.

작은 수고를 들이면 물건의 수명을 늘릴 수 있다. 마음에 드는 물건을 오래오래 아끼며 쓰는 것은 불필요한 물건을 버리고 비우는 것만큼 미니멀라이프에서 중요한 일이다. 물건을 고쳐서 쓰면 점점 내 손에 딱 맞는 물건이 된다는 이점도 있다.

물건을 수선하면 애착이 더 커진다.

소일
小 一
팁

우산 수리 서비스

우산을 직접 고치기가 힘들면, 지역행정복지센터의 '우산수리센
터'로 문의해 보자. 내가 사는 수원시의 경우 동 행정복지센터에
서 우산 수리를 무료로 해 주고 있다. 고장 난 우산을 수리받을
수도 있고, 안 쓰는 우산은 기증할 수도 있다. 서울의 서초구립
양재종합복지관에서도 무료 우산수리센터를 운영한다.

앞으로는 고장 난 우산이 있다면 버리지 말고, 지역 행정복지센터
의 '우산수리센터' 등을 검색해 보자. 지역마다 운영 시기와 방법
이 다르지만, 대개 무료로 1인당 2개 정도의 우산을 수리해 준다.

제로 웨이스터의
기타 취미 생활

주위를 둘러보면, 제로 웨이스터가 할 수 있는 취미 생활은
많고도 많다.

도서관을
내 서재로 삼기

책 냄새가 물씬 나는 서재를 로망으로 여기던 때가 있었
다. 최소한 1,000권은 있어야 한다는 막연한 생각으로 매
년 100권씩 책을 사 모았다. 대학생 시절에는 학회실, 작업
실에 쌓아 놓은 책들을 집으로 몇 박스씩 나르기도 했다.
한 번 마음에 드는 작가를 찾으면 그 작가의 전집을 다 사
다 모으는 습관도 있었다. 책을 많이 소유하는 것이 지식
을 소유하는 것이라고 믿던 시절이었다. 지식과 경험의 총
집합이 서재일 것이라 믿고 나의 서재를 가꾸는 것에 매우
연연하던 때였다. 오죽하면 버킷리스트에 '내 서재를 갖는
것'을 목표로 작성해 뒀을까?

하지만 지금은 달라졌다. 책을 '소유'하기보다 '향유'하고, '공유'하는 데 더 큰 가치를 두고 있다. 읽지 않는 책은 중고 서점에 팔기도 하고, 동네 작은 도서관에 기증하기도 한다. 이제는 도서관을 서재 삼아 책을 빌려 읽는다. 일일이 구매 하려고 할 때는 1,000권의 장서가 목표였지만, 소유에 대 한 집착을 버리니 수만 권의 장서를 갖춘 서재를 누리게 된 셈이다.

2019년, 비 존슨이 『나는 쓰레기 없이 산다』의 출간 기념 으로 방한했을 때, 책 사인회를 하면서 사인받는 이의 이 름을 적어 주는 것만은 거절했다고 한다. 이름이 적혀 있으 면 책을 다 읽고 다른 사람에게 건네 주기 어렵기 때문이 다. 그래서 이름 대신 "Pass it on!(다른 사람에게 넘겨주세 요.)"이라고 적어 주었다고 한다. 이 책 역시 한 사람의 소 유물이 되기 보단 넘겨주고 넘겨받아 다양한 사람들에게 두루두루 읽히는 책이 되길 희망한다.

공유하여 취미 즐기기

다른 사람과 취미 생활을 함께 즐기고 싶다면 주민센터나 평생학습관, 도서관 등 공공시설을 이용해 보자. 취미 생 활을 할 수 있는 기회가 다양하게 열려 있다.

여행 편

제로 웨이스터의
여행

미니멀리스트의 모습은 여행자의 모습과 크게 다르지 않다. 많은 것을 소유하지 않고, 꼭 필요한 것만 지니며, 적게 소유하였기에 여기저기 자유롭게 다닐 수 있다.

하지만 여행용 물건들은 일회용도 많고 소포장 제품도 정말 많다. 그러므로 정신을 바짝 차려야 한다. 여행을 만끽하면서 지구에 부담을 지우지 않는 착한 여행법을 찾아보자.

준비물

물병

공항 검색대를 지날 때 물병을 비웠다가 들어가서 정수기나 식수대를 통해 물을 채워서 마시면 된다. 비행기에서 제공되는 생수를 마시는 것보다 훨씬 좋다.(국내 여행의 경우 음료를 들고 검색대를 통과할 수 있다.)

간식

기내식이 제공되지 않는 저가 항공이 많아졌다. 일회용품이 많은 기내식을 사양하면 항공료 또한 저렴해질 수 있다. 비행기를 타는 여행이 아니더라도 간식거리를 구입하면 포장 쓰레기가 필수로 따라오므로 간식을 미리 챙겨서 여행을 떠나 보자.

개인 수저

개인 수저를 챙기면 일회용품을 사용하지 않을 수 있다.

텀블러, 개인 용기

텀블러와 개인 용기 역시 일회용품 사용을 막을 수 있다.

헤드폰이나 이어폰 잊지 말기

비행기를 타면 새 헤드폰을 제공해 주지만, 플라스틱 포장에 담겨 있다. 굳이 새 헤드폰을 낭비하지 말고 내 이어폰이나 헤드폰을 사용하자.

다회용 위생용품

다회용 위생용품을 챙기면 위급한 순간에 일회용품을 쓰지 않을 수 있다.

어렵다고만 여기지 말고 실천해 보자. 작은 실천도 모두 의미가 있다.

샘플 가지고 다니지 않기

화장품 로드숍에서 화장품을 살 때 "샘플 많이 넣어 주세요."라고 말하던 때가 나에게도 있었다. '여행 갈 때 써야지, 샘플(견본품)을 많이 받으면 이득이야.'라고 생각하던 시절이었다. 화장대며 가방이며 샘플만 모아 둔 곳이 따로 있기도 했다.

화장품을 피하고, 플라스틱 사용을 자제하고, 일회용품은 사용하지 않는 미니멀리스트가 되고부터는 일회용 화장품 샘플만큼 내 삶에 필요 없는 물건도 없다고 생각하게 되었다.

한때 알뜰살뜰함의 대명사였던 행동이 어느새 나에게 환경 파괴의 상징이 되어 버린 이 변화가 조금은 신기하기도 하고 얼떨떨하기도 하다.

그 연장으로, 당연하다고 여기는 많은 행동(과대 포장, 비닐봉지 과다 사용 등)이 어느 순간에는 매우 다르게 평가될 수 있겠구나 싶기도 하다. 사람도 변하고 사회도 변한다. 그 변화의 방향이 긍정적일 수 있도록 노력하는 것은 우리의 몫이다.

화장품 없이 사는 삶을 살다 보니, 일상에서도 여행에서도 화장품을 굳이 가지고 다닐 필요가 없어졌다. 비누나 바세린과 같은 제품을 가져갈 때는 통째로 가져간다.

나처럼 챙길 물건이 적은 경우라면 수월하지만, 그렇지 않더라도 샘플을 챙기기보다 평소 쓰는 화장품과 세안용품 중에서 꼭 필요한 것만 챙겨 가져가 보자. 요즘 웬만한 여행지에서는 기본적으로 샴푸 등이 제공되는 경우가 많고, 평소와 달리 좀 모자란 듯한 여행도 여행의 또 다른 묘미가 될 수 있을 것이다.

기념품 없이 여행하기

물건을 줄이면서 제일 많이 한 결심이 있다.
"다시는 기념품을 사지도 받지도 않겠다."
처치 곤란한 잡동사니 중에 이곳저곳에서 긁어모은 기념품은 웬만하면 쓸모를 찾기가 어렵다. 이름대로 기능 대신 기념을 목적으로 하기 때문이다.
한때는 여행을 기록으로 남기는 것을 좋아했다. 여행 일정, 지도, 기차표 등 여행길에 만난 모든 물건이 여행의 전부처럼 여겨져 별의별 물건을 다 챙겼다.
그 물건들을 정리하고 챙기고 또 사진을 찍느라 제대로 여행을 만끽하지 못했다. 잔뜩 찍어 둔 필름 사진 현상에, 인화에 바빴다. 기껏 인화한 사진들은 앨범에 정리해 두어도 몇 번 뒤척여 본 적이 없었다. 디지털카메라나 스마트폰으로 찍은 사진도 컴퓨터 용량을 차지하는 신세가 되거나 SNS에 테러하듯 업로드하고 끝이 나곤 했다.

미니멀리스트가 되고부터는 내 여행 방식도 바뀌기 시작했다. 어느 순간부터 어느 곳으로 가든지 필름 한 통(필름 카메라를 좋아한다.), 색연필 혹은 크레파스 3가지 색, 작은 공책만 가지고 여행을 가기로 결심했던 것이다. 먼저 충분히 여행지를 즐기고 난 후 사진은 조금만 찍는다. 기념품은 사지 않는다. 꼭 사야 한다면 '기능'을 최우선으로 고려한다.

제로 웨이스터의 여행법

1. 옷을 최소한으로 챙긴다.
2. 개인 식기를 항상 소지한다.
3. 일회용품을 사양한다.
4. 전자 승차권을 이용한다.
5. 여행 기념품은 사지 않는다.
6. 여행지의 친환경 면모를 찾아본다.
7. 쓰레기 줍기, 비치코밍 등 환경을 위한 실천에 동참한다.

오버 투어리즘

죽기 전에 한 번쯤 가 봐야 한다는 세계 명소, 전 세계 사람들을 만날 수 있는 세계 일주, 공기가 탁 트인 이국적인 휴양지를 꿈꾸지 않는 사람은 없을 것이다. 나도 해외 여행을 자주 꿈꾼다.

당장 해외 여행을 떠나지 못하는 이유로는 돈, 일, 두려움 등 여러 가지가 있지만, 그 가운데엔 죄책감도 큰 몫을 차지한다. 나는 왜 해외 여행을 하는 데 죄책감이 드는 것일까? 해외 여행에 불편함 감정을 지울 수 없는 이유는 다음과 같다.

> 1. 비행기를 타야만 해외 여행이 가능하다.
> 2. 유명한 관광지, 휴양지에서의 환경 오염이 심각하다.
> 3. 그 이유를 무릅쓰고 꼭 가야만 하는, 마땅한 이유가 없다.

이 세 가지 이유를 꼽을 수 있겠다.(물론 이것은 개인적인 의견일 뿐 다른 사람과는 의견이 상당히 다를 수 있다.)

너무 많은 사람이, 너무 많은 곳에 가는 것이 문제가 된 것일까? 최근 '오버 투어리즘(Overtourism)' 문제가 유명 관광지마다 대두되고 있다. 관광객들로 인해 거주민들의 생활이 파괴되는 걸 '오버 투어리즘'이라 한다. 마을 벽화로 유명해진 곳에 지나치게 많은 관광객이 몰려들어 소음과 쓰레기 문제로 갈등하다 벽화를 지워 버리는 경우가 이에 해당된다. 이는 관광객들의 목적지가 국립공원, 테마파크 등 전통 관광지에서 도심 및 지역사회로 넓혀지며 발생하게 된 현상이다.

아름다운 자연 경관으로 연간 1,500만여 명의 관광객이 여행하는 제주도는 쓰레기, 교통, 상하수도 등 다양한 사회 문제로 몸살을 앓고 있다.

그럼에도 불구하고 여행을 좋아하는 나는 어떻게, 어디를, 어떤 방식으로 여행해야 할까?

고민 끝에 도달한 나의 결론은 다음과 같다.

1. 가능하면 해외보다 국내 여행을 가자.
2. 유명하지 않은, 사람들이 잘 모르는 곳으로 가자.
3. 유명 도시를 꼭 방문해야 한다면, 도시 중심보다 근교에서 머물자.
4. 비수기에 여행하자.
5. 여행지에서 환경에 좋은 일을 하고 오자.(쓰레기를 줍는다거나 제로 웨이스트 실천을 하는 등)
6. 공정 여행을 하자.(현지인이 운영하는 숙소, 식당을 이용하고, 대중교통을 이용하며, 동물을 학대하거나 착취하지 않는 등의 방식을 이용한다.)

20분 동네 탐험하기

이국적인 곳, 낯선 곳만이 여행의 목적지는 아니다. 익숙하게 지나친 동네 작은 골목도 그 대상이 될 수 있다. 요즘 나는 우리 동네의 새로운 길들을 탐험하고 있다. 매일 같은 길을 산책하는 것에 지루함을 느껴 "오늘은 안 가 본 길로 가 볼까?" 하며 낯선 길을 선택했던 것이 여행의 시작이었다.

오래 볼수록 새로운 것이 발견되기도 한다.

자전거로 10분 거리를 이동하면 집에서 꽤 먼 거리까지 갈 수 있다. 계절의 변화가 더 크게 와닿기도 하고, 같은 동네인데도 온도, 향기, 분위기가 곳곳마다 다르다. 나의 동네 탐험의 마지막 코스는 단연코 쓰레기 줍기다.

—

Part 6

완전한
제로 웨이스트는 없다

—

하나뿐인 지구

'지구 생태용량 초과의 날'에 대해 처음 안 것은 TV 프로그램 「말하는 대로」에서 타일러의 이야기를 처음 들었을 때였다. 어떤 사람이 매월 100만 원을 버는데, 160만 원을 쓰고 있다고 생각해 보자. 누구나 그 이야기를 들으면 60만 원 만큼 덜 소비하거나 60만 원을 더 버는 방법을 고민해야 한다고 할 것이다. 그런데 아무리 해도 100만 원밖에 벌 수 없는 사람이라면 어떻게 해야 할까?

이 이야기가 바로 하나뿐인 지구 이야기다. 우리는 지구를 하나밖에 안 가지고 있는데, 60이나 많은 자원과 에너지를 쓰고 있다는 것이다.

지금까지는 그저 막연히 환경 보호와 자원 보호를 생각하고 실천해 왔다. 그런데 매년 60씩 빚을 지고 있다고 하니, 그동안 내가 낭비했을 많은 자원이 주마등처럼 지나간다. 덥다는 핑계로 빵빵하게 틀어 놓았던 에어컨, 양치할 때마다 흘려 보냈던 물, 샤워할 때 계속 틀어 놨던 물, 인원수보다 많이 주문해 놓고 남긴 음식물, 그 외 나의 변심으로 멀쩡한데도 버린 물건들… 나는 얼마나 계획 없이 소비하며 쓰레기를 버려 온 걸까.

전 세계 사람이 모두 한국인이라면, 그리고 지금처럼 자원을 펑펑 낭비하고 산다면, 지구가 3.3개[33]는 필요하다고 한다. 단순히 계산을 해 봐도 지금 버리는 쓰레기와 사용하는 자원을 3분의 1로 줄여야 하나뿐인 지구에서 생존 가능하다.

그래서 나는 제로 웨이스트 실천에, 1년 12달 동안 4달만 소비를 하는 소비 디톡스를 실천하기로 했다.

하나뿐인 지구에서 그간 양심 없이 빚을 쌓아 왔다면, 이제는 지속 가능한 방법을 찾아야 하기 때문이다. 하나뿐인 지구에서 현명하게 자원을 사용하고, 오염은 적극적으로 줄이고 싶다. 그렇게 살아야 미래가 있다고 믿는다.

쓰레기 줍기 운동

요즘 새로 생긴 취미가 있다. 외출했다가 집에 돌아오는 길에 쓰레기를 줍기 시작한 것이다. 이미 많은 이웃이 실천하고 있는 일인데, 나도 거기에 동참해 쓰레기를 줍고 인증 사진을 찍는다. 쓰레기를 줍고 버리는 시간은 1분도 채 걸리지 않기 때문에 부담 없이 실천할 수 있는데, 만족감과 뿌듯함은 무척 크다. 우리 집 주변, 동네 산책길을 깨끗하게 하는 일이니, 작은 효과라도 즉각적으로 나타난다는 이점도 있다. 쓰레기를 줍기 시작하면서 블로그에 따로 카테고리를 개설할까 고민하다가 쓰레기 인증사진 위주가 될 테고 딱히 내용이 없어서 인스타그램을 개설해서 올리고

있다. (@ethical_minimalist)

아름답고 멋진 사진이 넘쳐 나는 인스타그램이지만, 나는 그런 사진을 찍는 데는 관심이 없으니까 쓰레기 사진만 주로 올린다. 그러다 보니 비슷한 취향을 가진 인스타그램 이용자들을 알게 되었다. 좀 더 적극적으로 쓰레기를 줍자고 권유하는 분도 있고, 쓰레기를 가지고 예술작품을 하는 예술가도 있고, 쓰레기 봉투 자체를 예쁘게 디자인해서 쓰레기 봉투로 도시의 경관을 덜 해치게 만들자는 취지의 디자인 그룹도 있다. 그렇게 다양한 실천들이 자꾸 모이길 기대하면서 나도 꾸준히 쓰레기를 주울 생각이다.

#같이쓰레기줍기

인스타그램을 처음 시작하게 된 계기는 환경을 위해 노력하는 많은 분과 소통하기 위해서였다. 외국의 많은 사람들이 인스타그램을 통해 쓰레기를 줍고 치우는 행동을 함께 하는 것을 보고 나도 동참하고자 한 것이다. 그래서 고민 끝에 고안한 것이 해시태그 "#같이쓰레기줍기"다.

누구나, 어디서나, 언제나, 하고 싶은 만큼 쓰레기를 줍고 인증사진을 찍어 "같이쓰레기줍기"라는 태그를 달면 된다. 그것이 캠페인에 참여하는 방법이다.

#같이쓰레기줍기

처음에는 거창한 환경 운동 말고 내가 할 수 있는 소소한 환경 운동을 해 보자 하는 데서 시작되었다. 쓰레기를 만들지 않으려고 노력하는 제로 웨이스트 삶의 방식에서 조금 더 적극적으로 동네의 쓰레기를 줄여 보기로 한 것이다.

깨진 유리창 이론처럼, 누군가 무심코 버린 쓰레기 하나가 점점 사람들의 쓰레기를 부르고 어느새 쓰레기장이 되어 버리는 것을 목격했다.

반대로 나의 작은 수고로 동네 길이 조금씩 깨끗해지는 것도 직접 경험했다.

해외에서는 많은 분이 바닷가에서 쓰레기를 줍거나(비치코밍) 쓰레기를 주우며 조깅을 하는 등(플로깅) 환경을 위한 실천을 적극적으로 SNS로 나누는데, 아쉽게도 한국에서는 활동하는 분이 많지 않다.

2017년 봄, 함께하는 분들이 있으면 더 좋고 혼자 해도 괜찮다는 마음으로 365번 쓰레기를 줍고 인증을 하기로 했다. 365라는 목표를 가지고 꾸준히 활동한 지 2년째에 이르렀을 때, 그 365번 목표를 달성하였다.

이제 더 이상 몇 번 쓰레기를 주웠는지 숫자를 세지 않을 셈이지만, 앞으로도 "같이 쓰레기 줍기" 운동은 계속될 예정이다.(현재는 1,200번을 넘어섰다.)

'세계'는 못 바꿔도
'나'는 바꿀 수 있다

한때 '기적의 소재'였던 플라스틱은 65년 만에 생산량이 160배[34]나 늘어났다. 83억 톤 중 재활용되는 플라스틱은 오직 1억 톤뿐이다. 플라스틱 쓰레기는 전 세계의 생태계를 파괴하고, 소금·수돗물에도 미세 플라스틱이 들어 있어서 우리 몸에도 그 입자가 차곡차곡 쌓이고 있다. 플라스틱은 물고기, 거북이, 고래 등의 뱃속만을 채우는 것이 아닌 셈이다.

플라스틱 쓰레기를 줄이기 위해 우리가 할 수 있는 실천은 사실 그렇게 어려운 것이 아니다. 우리가 배출하는 플라스틱 쓰레기의 절반이 일회용 플라스틱과 포장재라고 하니 포장 쓰레기와 일회용품만 줄여도 쓰레기의 반을 줄일 수 있다.

- 일회용 플라스틱 컵 대신 다회용 컵 사용하기
- 비닐봉지 대신 종이 박스나 장바구니 이용하기
- 일회용 플라스틱 빨대 쓰지 않기

"저는 마시고 갈게요. 머그잔에 주세요."라고 요청하는 것이 몇 년 전에는 특별한 주문이었지만, 이제는 일상화된 것처럼 사람들의 습관이 쓰레기를 덜 만드는 방식으로 변화하면 좋겠다.

나는 사람들의 변화를 이끌어 내기 위해 뱃속에 플라스틱 쓰레기를 잔뜩 먹고 죽은 동물 사진을 자주 사용하지 않는 편이다. 불편한 사진으로 다른 사람들에게 고통을 강요하기 싫어서다.

플라스틱 사용을 전반적으로 줄이는 것만이 심각한 플라스틱 쓰레기 오염에 대처하는 유일한 방법이니, 가능한 한 암울하거나 충격적인 현재보다 밝고 긍정적인 미래를 그리려는 편이다. "거북이가 고통받고 있으니 빨대 쓰지 마!"라기보다 "일회용 플라스틱 빨대를 쓰지 않았다니, 잘했어! 분명히 변화의 시작이 될 거야"라는 방식이 좋다.

작은 실천들이 모이면 분명히 변화는 찾아온다. 세계를 바꾸기 힘들지만 나는 바꿀 수 있다.

내가 바뀌면 세상도 바뀐다.

소소해도 괜찮아

'완벽주의자'와는 거리가 먼 성격이라 스트레스는 거의 받지 않는 편이지만, 그래도 '완벽한 상태'를 알게 모르게 강요당하고 있고, 나 역시 남에게 강요하고 있다고 느낄 때가 종종 있다.

택배 안내 문자에 예정되어 있는 시간이 조금만 지나도 괜히 기사님 연락처를 보게 되거나, 엘리베이터에서 마주친 타인의 가방에 지퍼가 조금이라도 열린 것을 볼 때, 혹은 올이 나간 스타킹을 볼 때, 이야기해야 하나 어쩌나 입술을 달싹거릴 때도 있다. 어떤 완벽한 모습을 정해 두고 그에 이르지 못하면 쉬이 지적하는 습관은 참 좋지 못한 버릇이다.(반대로 다른 이에게 작은 흠을 지적당할 땐 얼마나 기분이 나쁜가!)

우리는 모두 완벽하지 않다. 나의 불완전함을 이해하듯 남의 완벽하지 않음을 이해하자. 너나 나나 완벽하지 않다. 그래도 괜찮다.

제로 웨이스트도 마찬가지다. 정말 쓰레기 배출을 '제로'로 하는 것은 불가능하다. 제로 웨이스트로 유명한 비 존슨처럼 2년 동안 작은 병 하나만큼 쓰레기를 만들려고 무리하지 않아도 된다. 먹고 마시고 살면서 쓰레기는 무조건 발생한다. 완벽한 제로 웨이스트가 아니어도 괜찮다. 거창한 실천과 대단한 성과가 없어도 괜찮다. 소소하고 작아도 그 실천은 분명 의미가 있다.

제로 웨이스트하는 습관

나쁜 습관을 없애는 일도, 좋은 습관을 들이는 일도 쉽지
않다. 그만큼 '습관'의 힘은 무겁고 무섭다.

제로 웨이스트 습관을 새로 만드는 것도 사실 쉽지는 않았
다. 하지만 방법은 아주 간단했다.

"좌절하지 말고 자꾸 반복하는 것." 그러면 그 일에 능숙해
지면서 점점 더 재미있어진다. 그렇게 습관이 된다. 쓰레기
를 덜 만드는 습관을 가지다 보면, 그 일이 특별히 어렵거
나, 유난스럽거나, 대단한 일이라는 생각이 들지 않는다.
그렇게 습관은 일상이 된다.

말보다 행동

"주변 사람들과 제로 웨이스트를 함께하고 싶은데, 어떤
말로 설득하면 좋을까요?"

온라인 제로 웨이스트 강연을 하고 난 후 받은 질문이었
다. 나의 대답은 간단했다.

"'말'로 강요하지 말고, 그저 '행동'으로 보여 주세요!"

말로 누군가를 변화시키기란 쉽지 않은 일이다. 그러다 보
면 때때로 나의 실천이 별 의미 없는 일처럼 느껴지기도 하
고, 그 과정에서 괜히 내 의지마저 꺾이는 경우도 비일비재
하다.

'나 혼자 실천하는 것이 과연 무슨 의미가 있을까, 쓰레기를 줄이려는 행동이 누군가에게는 유별나 보이지 않을까?' 하고 고민했던 적도 있다. 하지만 나의 실천으로 인하여 누군가에게 세상에는 제로 웨이스트를 하는 삶도 있음을 보여 줄 수 있다.

친구, 지인, 가족의 변화를 이끌 수 있는 가장 빠른 방법은 그들에게 내 선택을 실천으로 보여 주는 것이다. 나처럼 해 보라고 무언의 압박을 할 필요도 없다. 그저 내가 하는 행동이 그들에게 공감을 일으키는 것으로 시작이 된다. 내 행동으로 주변 사람의 생각과 행동이 변하도록 만드는 일, 그것이 나의 실천으로 세상을 바꾸는 시작점이 된다. 어쩌면 세상은 발품과 손품으로 조금씩, 조금씩 바뀌는 것인지도 모른다.

소일 小 一 팁

헌법 35조 : 환경권

① 모든 국민은 건강하고 쾌적한 환경에서 생활할 권리를 가지며,
국가와 국민은 환경 보전을 위하여 노력하여야 한다.
② 환경권의 내용과 행사에 관하여는 법률로 정한다.
③ 국가는 주택개발정책 등을 통하여 모든 국민이 쾌적한 주거 생
활을 할 수 있도록 노력하여야 한다.

누구나 건강하고 쾌적한 환경에서 생활할 권리를 가지지만, 그
권리가 그냥 주어지지는 않는다. 그 권리를 누리기 위해서는 개
인과 기업, 정부의 통합적인 노력이 필요하다.
호주 산불에 타서 죽은 코알라, 더워진 남극 날씨에 얼음이 녹아
진흙 범벅이 된 펭귄, 플라스틱 빨대가 코에 꽂힌 거북이, 플라스
틱 조각으로 배를 가득 채운 알바트로스 등 세계 각지의 동물들
을 위해서만 노력하자고 말하는 것이 아니다.
한 번도 본 적 없는 세계의 동물들만 기후 위기로 멸종을 앞두고
있지 않다는 점을 인지했으면 좋겠다. 2020년 여름 유난히 긴 장
마와 집중호우로 쾌적한 생활환경을 빼앗긴 우리 이웃, 아니 우
리 가족, 나를 위해 노력해야 한다. 지금까지의 자기 파괴적, 소비
지향적 삶의 방식에서 '지속 가능한' 방식으로 바뀌도록 말이다.
일회용품 사용 줄이기, 손수건 사용하기, 제로 웨이스트 쇼핑하

기, 물 절약하기, 대중교통 이용하기, 음식물 쓰레기 만들지 않기, 채식 위주의 식사 하기, 불필요한 소비 줄이기 등등.

이 책에 남긴 나의 제로 웨이스트 고군분투기가 바로 쾌적한 생활을 유지하고, 인류가 환경과 공존할 수 있는 지속 가능한 세상을 만들며, 헌법 35조를 이행하고자 하는 노력이다. 나의 이야기에 공감하는 독자들이 부디 집, 마을, 사회를 지속 가능하도록 만들어 봐야겠다고 다짐하게 되길 바란다.

인생에서 900가지를
덜어 내면 생기는 일

제로 웨이스트를 처음 시작하기로 한 2016년, 블로그를 새로 만들며 고민 끝에 '소일'이라는 이름을 짓고 '윤리적 최소주의자'가 되겠다는 지향점을 세웠다. 그 지향점으로 향하는 모습은 꾸밈이 없어도 어색한 데가 없길 바랐다.

처음 제로 웨이스트를 시작할 때 법정 스님의 무소유라는 단어가 머릿속을 맴돌았다. 물건이든 습관이든 1,000가지쯤 비워 내면 무소유까지는 이르지 못하더라도, 내 삶의 모습이 제법 가벼워지지 않을까, 최소한의 것을 소유하며 최대한 자유롭게 살 수 있지 않을까, 하는 기대를 했더랬다. 그래서 블로그 첫 글에 999라는 번호를 붙였다. 블로그에 덜어 낸 것들을 하나씩 기록하면서 번호를 하나씩 줄여 가기 시작했다.

그렇게 나의 미니멀라이프를 향한 여정은 소박하고 치밀하게 시작되었다. 아니, 그 전부터 시작하고 있었을지도 모르지만, 그때부터 본격적으로 스스로를 미니멀리스트라고 정체화했다.

997. 화장품 없이 살기

991. 노푸, 샴푸 없이 머리 감기

968. 월경컵 쓰기

963. 기념품 없이 여행하기

953. 비닐봉지 안 쓰기

947. 손바느질로 물건 고쳐 쓰기

941. 일회용품 없이 살기

939. 생수 사지도, 마시지도 않기

약 두 달간 의식주를 골고루 덜어 내면서 나름 방향이 잡히기 시작했다. 원하는 것과 원하지 않는 것, 바라는 삶에 대해 치열하게 고민하는 시간이었다. 그런 고민을 응원하고 공감해 주는 블로그 이웃이 생기면서 점차 나의 방향성은 세분화되기 시작했다. 삶에서 덜어 내고 싶은 것들에 대한 기록이 쌓이면서 '플라스틱, 화학 제품, 쓰레기' 등등 카테고리를 나눠야 할 만큼의 글이 누적되었다.

혼자만의 실천과 기록으로 그치는 것이 아쉬워서 이웃과 함께 모임을 갖고, 사회적 역할을 찾기 시작했다. 그렇게 함께 나누는 경험이 늘면서 지속 가능한 사회를 만드는 일을 하는 직업도 찾았다. 블로그 기록을 엮어 책도 출간하게 되었고, 그간의 실천을 강연으로 하는 경험도 했다.

지금 쓰고 있는 이 글은 이제 번호 순서로 100이 된다. 마지막 세 자릿수의 글을 쓰다 보니, 문득 그간 비운 900가지가 주마등처럼 지나간다.

나의 인생에서 덜어 낸 900가지 덕분에 일상은 가벼워졌고, 생활은 여유가 생겼다. 경제적으로도 불필요한 소비가 줄면서 의미 있게 부를 누릴 수 있게 되었다.

헌신하고 싶은 진로가 정해졌고, 더 전문적으로 배우고 경험하고 싶은 방향도 찾았다.

제로 웨이스터로서의 삶을 늘 지지해 주고, 불편함을 기꺼이 함께해 준 가족이 있어 지속적인 실천이 가능했다. 실천과 기록이 쌓이면서 책으로 엮을 기회도 만났다.

유난스럽고 요구사항 많은 작가를 믿고 적극적으로 협의하고 방안을 모색하는 출판사 편집자님과의 인연까지 얻었다.

일상을 여행자처럼 가볍게 살 수 있다는 자신감, 앞으로 더 간결하게 살아도 행복한 일상이 가능할 것이라는 기대감, 덜 소비하고 더 존재하는 삶의 방식이 지구와 내가 살아가는 최선의 방법이라는 안도감이 생겼다.

인생에서 900가지를 덜어 내고 나니 어깨에 진 짐을 떨쳐 낸 듯 마음이 가볍고 여유롭다.

가진 물건, 물욕, 집착이 줄면서 다른 사람을 배려하고 이해할 만한 마음의 여유 공간이 조금씩 넓어지고 있다.

900가지를 덜어 내면서 남은 내 인생의 알맹이가 괜히 더 사랑스럽고 곱다. 그리고 그 알맹이가 이 책을 남겼다. 당신에게 이 책이 의미 있기를 진심으로 바라고 또 바란다.

주

1. 송혜민, "생활 쓰레기 분해 기간 정리... 200만 년 걸리는 것도", 〈서울신문〉, 2016년 5월 18일.

2. 환경부 외, "2018년도 전국 폐기물 발생 및 처리 현황", 발간등록번호 11-1480000-001552-10, 2019, p.9, p.14.

3. 보공집 미니멀 의식주, "2017년, 미니멀 라이프를 위한 방법〈소비 디톡스〉", 2017년 1월 24일, m.blog.naver.com/up_in_the_air/220919455731

4. 김이서, 그린피스, "플라스틱 대한민국-일회용품의 유혹", 2019년 12월, p.9.

5. 김민주, "세계자연기금, 1인당 매주 신용카드 1장 분량의 미세 플라스틱 섭취", 〈서울경제〉, 2019년 6월 12일, www.sedaily.com/NewsView/1VKE10XNAP

6. 애니 레너드, 『물건 이야기』, (파주: 김영사, 2011), p.50, p.101.

7. 손정우, "'택배 없이 못살아', 전년 대비 9.7% 성장 이어져", 〈물류신문〉, 2020년 03월 11일, klnews.co.kr/news/articleView.html?idxno=120915

8. 여성동아, "설마, 아직도 종이 티슈 사용하세요?", 〈여성동아〉, 2012년 9월 28일, woman.donga.com/List/3/all/12/144956/1

9. 위키하우, "물 절약하는 법", 2020, ko.wikihow.com/물-절약하는-법

10. 비 존슨, 『나는 쓰레기 없이 산다』, (서울: 청림Life, 2014), p.149.

11. 노진섭, "칫솔질만 잘하면 치약 없어도 된다", 〈시사저널〉, 2017년 03월 29일, www.sisajournal.com/news/articleView.html?idxno=166756

12. 김룻, "[활동가 교육] 물 환경 교육-PROJECT WET을 중심으로", 〈환경교육센터〉, 2018년 2월 28일, www.edutopia.or.kr/node/2471

13. 노동규, "한 번 쓰고 버리는 '우산 비닐', 연간 1억 장... 재활용도 엉망", 〈SBS 뉴스〉, 2018년 7월 2일, news.sbs.co.kr/news/endPage.do?news_id=N1004829322

14. 비 존슨, 『나는 쓰레기 없이 산다』, (서울: 청림 Life, 2014), p.134.

15. 심진용, "전 세계 마시는 물까지 '플라스틱 오염'", 〈경향신문〉, 2017년 9월 16일, news.khan.co.kr/kh_news/khan_art_view.html?art_id=201709062124005

16. 국립환경과학원, "우리 밥상, '신토불이' 찾기 어려워졌다... 푸드 마일리지 증가세", 〈국립환경과학원〉, 2012년 5월 17일, www.nier.go.kr/NIER/cop/bbs/selectNoLoginBoardArticle.do?menuNo=14003&bbsId=BBSMSTR_000000000022&nttId=13148&Command=READ

17. 고승희, "커피 한 잔에 물 130리터... 식품별 '물발자국'은?", 〈리얼푸드〉, 2019년 12월 19일, www.realfoods.co.kr/view.php?ud=20191219000100

18. 천재학습백과, "공정무역", 『고등교과서 사회』, 2020년 12월 28일, 100.daum.net/encyclopedia/print/24XXXXX57252

19. 한기천, "티백 제품, 끓는 물에서 다량의 미세 플라스틱 조각 나와", 〈연합뉴스〉, 2019년 9월 26일, www.yna.co.kr/view/AKR20190926144300009

20. 폴 호컨, 『플랜 드로다운』, (파주: ㈜글항아리, 2019), p.132.

21. 환경부, "깨끗한 대한민국, 올바른 음식물 쓰레기 배출로부터", 〈통계로 본 환경정책〉, 2020, stat.me.go.kr/nesis/mesp/info/statPolicyRecycle2.do

22. 폴 호컨, 『플랜 드로다운』, (파주: ㈜글항아리, 2019), p.143, p.148.

23. 자원순환기본법[시행 2020. 5. 26.] [법률 제17326호, 2020. 5. 26., 타법개정] 제2조 2항.

24. 이한경, "쓰레기 산 줄이려면 다회용기 만들어 쓰자", 〈주간동아〉, 2020년 10월 18일, weekly.donga.com/3/all/11/2212716/1

25. 김이서, 그린피스, "플라스틱 대한민국-일회용품의 유혹", 2019년 12월, p.18.

26. 김이서, 그린피스, "플라스틱 대한민국-일회용품의 유혹", 2019년 12월, p.13.

27. EBS, "플라스틱 없이 살아보기", 〈다큐시선〉, 2020년 3월 26일.

28. 곽노필, "인류가 지금처럼 살려면 지구 1.7개 필요", 〈한겨레〉, 2017년 8월 2일, www.hani.co.kr/arti/society/environment/805175.html

29. 앗쭈, "간식주머니 만들기", 〈...ing〉, 2013년 12월 24일, m.blog.naver.com/nearzoo/150181790351

30. 챠오, "[도서관행사]책만들기 방법(오침안정법)", 〈챠오의 낙서장〉, 2012년 11월 21일, https://m.blog.naver.com/legnajunhoo/70151902280

31. IPCC(기후변화에 관한 정부간 협의체), "기후변화 2013", 발간등록번호 11-1360000-00989-14, 2013, p.35

32. 김지숙, "1970년 이후 전세계 야생동물 3분의 2 감소", 〈한겨레〉. 2020년 9월 10일, www.hani.co.kr/arti/animalpeople/wild_animal/961630.html

33. 곽노필, "한국인처럼 살려면 지구 3.3개 필요하다", 〈한겨레〉, 2016년 8월 8일, m.hani.co.kr/arti/society/environment/755585.html?_fr=nv

34. 신현호, "바다에 물고기보다 플라스틱이 더 많아진다면", 〈한겨레〉, 2018년 9월 9일, www.hani.co.kr/arti/society/environment/861275.html

제로 웨이스트는 처음인데요

1판 1쇄 펴냄 2021년 1월 13일
1판 6쇄 펴냄 2022년 12월 30일

지은이 | 소일
발행인 | 박근섭
펴낸곳 | 판미동

출판등록 | 2009. 10. 8 (제2009-000273호)
주소 | 06027 서울 강남구 도산대로 1길 62 강남출판문화센터 5층
전화 | **영업부** 515-2000 **편집부** 3446-8774 **팩시밀리** 515-2007
홈페이지 | panmidong.minumsa.com

도서 파본 등의 이유로 반송이 필요할 경우에는 구매처에서 교환하시고
출판사 교환이 필요할 경우에는 아래 주소로 반송 사유를 적어 도서와 함께 보내주세요.
06027 서울 강남구 도산대로 1길 62 강남출판문화센터 6층 민음인 마케팅부

판미동은 민음사 출판 그룹의 브랜드입니다.

이 책은 FSC 인증 종이를 이용하여 만들었습니다.